Couvertures supérieure et inférieure
en couleur

BIBLIOTHÈQUE
DE PHILOSOPHIE CONTEMPORAINE

LA PSYCHOLOGIE

DU BEAU ET DE L'ART

PAR

MARIO PILO

Professeur au lycée *Tiziano* de Bellune

TRADUIT DE L'ITALIEN PAR AUGUSTE DIETRICH

PARIS

ANCIENNE LIBRAIRIE GERMER BAILLIÈRE ET Cⁱᵉ

FÉLIX ALCAN, ÉDITEUR

108, BOULEVARD SAINT-GERMAIN, 108

1895

Coulommiers. — Imp. Paul Brodard. — 118-94.

LA PSYCHOLOGIE
DU BEAU ET DE L'ART

Coulommiers. — Imp. Paul BRODARD. — 448-94.

LA PSYCHOLOGIE

DU BEAU ET DE L'ART

PAR

MARIO PILO

Professeur au lycée *Tiziano* de Bellune

TRADUIT DE L'ITALIEN PAR AUGUSTE DIETRICH

PARIS

ANCIENNE LIBRAIRIE GERMER BAILLIÈRE ET Cⁱᵉ

FÉLIX ALCAN, ÉDITEUR

108, BOULEVARD SAINT-GERMAIN, 108

—

1895

PREMIÈRE PARTIE

LA PSYCHOLOGIE DU BEAU

> « Voici l'amant fidèle, toujours jeune,
> immortel ; voici la source de la joie pure,
> interdite aux multitudes, octroyée aux
> élus ; voici le précieux aliment qui fait
> l'homme semblable à un dieu ».
>
> GABRIEL D'ANNUNZIO.

LIVRE PREMIER

LES FACTEURS OBJECTIFS DU BEAU

CHAPITRE PREMIER

LES FACTEURS SENSORIELS

1. — L'esthétique évolutionniste, dans son ensemble, est encore tout entière à refaire, malgré les excellents fragments et les brillantes monographies qui en éclairent aujourd'hui tel ou tel aspect; et je ne crois pas qu'il y ait de meilleur moyen pour arriver à en jeter au moins les bases, que de se dépouiller au préalable de tout vieux préjugé ontologique et académique et de reprendre ensuite les choses à nouveau, en atteignant directement les sources vives des faits, en confrontant avec eux et entre elles les précédentes théories des philosophes, et en faisant surtout appel au bon sens inconscient des masses qui, souvent, dans sa collectivité, voit plus loin et plus juste que l'élucubration solitaire du savant.

Essayez, en effet, de procéder à une enquête, parmi

une centaine de personnes de toute condition et de
toute culture prises au hasard dans le nombre de
celles que vous rencontrez chaque jour, sur l'idée qu'elles
se sont faite du beau : presque toutes vous diront que
« le beau », pour elles, c'est « ce qui leur plaît ».

Eh bien, je me hâte de le déclarer : je me range du
côté des ignorants. Une grande vérité est contenue
dans cette définition démocratique du beau. Il n'est pas
une entité substantielle; il n'est pas davantage une qualité métaphysique, transcendantale des choses; il n'est
pas un privilège des œuvres d'art, un produit exclusif
et voulu de l'homme; il est purement et simplement
une façon à nous, subjective et personnelle, de sentir
les choses même naturelles, une impression agréable
qu'elles peuvent produire sur notre organisme nerveux,
et que nous, ensuite, nous sommes en état d'exprimer
à notre tour, et de communiquer de diverses façons à
nos semblables.

Mais il est nécessaire de bien éclaircir ce qu'on entend
ici par plaisir, et en quel sens nous pouvons nous
approprier la définition populaire. Pour le faire, il
suffit de bien en comprendre la portée, d'en noter la
profonde subjectivité, et ensuite sa relativité au caractère personnel de l'individu jugeant.

Or, le caractère n'est que la somme, ou mieux, que
la résultante de toute l'expérience héritée des ancêtres
et acquise par l'individu; capital vaste et fécond auquel
s'uniformise toute l'économie de notre psyché. Eh bien!
à ce capital intérieur, chaque nouvel instant de nos
relations cérébrales avec les divers organes des sens,

et, par ceux-ci, avec le monde extérieur, apporte continuellement un petit ou grand accroissement ou une
diminution plus ou moins forte, selon que chaque nouvelle excitation se montre positive ou négative par rapport à la somme préexistante. Dans le premier cas, la
perception sera une addition au caractère, elle s'in-
scrira dans la mémoire avec le signe « plus », et aura
nom : plaisir ; dans le second cas, elle sera au contraire
une soustraction faite à notre capital psychologique,
portera dans nos schémas mentaux le signe « moins »,
et s'appellera : douleur.

Mais le caractère est fait de mémoires sensorielles
et de mémoires spirituelles, c'est-à-dire sentimentales,
intellectuelles, idéales ; et, en conséquence, nous éprouvons des plaisirs et des douleurs de chacune de ces
espèces psychiques toujours plus hautes. Nous appelons
beau le plaisir et laid, la douleur exclusivement, ou, du
moins, essentiellement et principalement sensoriels ;
bien, le plaisir et mal la douleur principalement sentimentaux ; vrai, le plaisir et faux la douleur principalement intellectuels ; et sacré et sacrilège, le plaisir et
la douleur principalement idéaux.

Le beau est donc ce qui nous plaît, mais ce qui plaît
avant tout et surtout au sens ; et ceci, nécessairement,
par définition ; puis, éventuellement et subordonnément,
ce qui plaît aussi à l'esprit, c'est-à-dire au sentiment,
à l'intellect, à l'idéalité, s'élevant ainsi graduellement
à de plus hautes beautés.

2. — Le concept du beau posé en ces termes, —
qui me mettent à l'abri des accusations trop faciles

portées d'ordinaire contre les sensistes exclusifs et intransigeants, et qui me paraissent rigoureusement exacts, comme renfermant toute chose qui, d'une façon quelconque, mérite le nom de belle, et excluant pareillement toute autre chose non belle, — vient avec une égale netteté se fixer aussi la place appartenant à l'esthétique dans le système général des connaissances humaines. Si le beau n'est pas dans les choses, mais dans la façon dont nous les sentons, l'esthétique ne pourra être une science objective, une science en soi, mais seulement une branche, importante et noble, de la psychologie; et, pour cette raison, l'esthéticien devra être avant tout un psychologue. L'esthétique est en fait, pour nous, purement et simplement la psychologie du beau : et du beau aussi bien naturel qu'artistique, il est inutile de le répéter.

En effet, toute activité psychique se modèle physiologiquement sur le type de l'action réflexe qui constitue toute la psyché des infimes organismes et des premières phases de développement des organismes supérieurs; de même que, anatomiquement, tout son substratum organique, pour complexe qu'il soit, n'est que l'évolution plus hautement différenciée de ce que l'on nomme un arc nerveux. En d'autres termes, tout ce qui se passe dans notre âme est, traduit en langage positif et scientifique, la transformation, plus ou moins immédiate et visible, d'un courant nerveux sensoriel, c'est-à-dire centripète, en un courant nerveux moteur, c'est-à-dire centrifuge.

D'où la loi psycho-physique fondamentale dont nous

devons à Stricker les dernières preuves et les plus décisives, loi qui a été justement nommée l'inertie de la
mécanique spirituelle, et d'après laquelle toute sensation, perception, conception, tend à se traduire en une
volition, en une impulsion, en un acte. Cela équivaut
à dire, dans notre cas, qu'à l'impression passive que le
beau produit sur nous, répond l'expression active par
laquelle nous le reprojetons à l'extérieur, et que l'on
qualifie du nom d'art.

Celui-ci ne pourrait donc exister et nous ne le sau-
rions comprendre que comme reproduction, longuement
élaborée dans notre « moi », et, par là, profondément
transfigurée, du beau naturel.

Et voilà tracé le plan de notre travail. Une première
partie étudiera l'impression du beau, et une seconde en
analysera l'expression. On verra dans chacune quelle
part doit y avoir l'élément objectif sensoriel, et quelle
part y peut appartenir aux éléments que j'appellerai
spirituels : sentiment, intellect, idéalité ; et, ensuite, de
quelle façon et pourquoi agissent, dans les divers
individus doués d'un caractère différent et placés dans
des circonstances dissemblables, les éléments subjec-
tifs, donnant lieu à telle ou telle impression différente
du beau extérieur sur leurs sens et sur leur esprit, et à
telle ou telle expression diverse du beau intérieur élaboré par leur fantaisie et reproduit suivant leurs aptitudes
techniques ; et l'une et l'autre partie se résumeront en
établissant les hiérarchies naturelles du beau et de l'art.

3. — Si l'affirmation de Locke : *Nil esse in intel-
lectu quod prius non fuerit in sensu*, est vraie

dans le champ illimité de la psychologie, elle l'est
doublement dans le champ plus limité de l'esthétique,
dont le nom même signifierait plutôt la science du
sens, c'est-à-dire, pour mieux s'exprimer, des faits
qui ont en lui leur racine et le gros de leur tronc,
quoiqu'ils s'étendent, avec leurs rameaux fleuris, plus
loin dans l'air chaud du sentiment, réjouissent de fruits
exquis aussi les froides régions de l'intellect, et s'irra-
dient superbement jusque dans les cieux brillants de
l'idéal.

Si, en effet, nous analysons une de nos impressions
vraiment et essentiellement esthétique, nous trouvons
que le courant auquel elle est due, parvenu dans cette
région, toujours centripète, du cerveau, que l'on peut
considérer tout simplement comme une série de gan-
glions continuateurs du nerf afférent, et qui, pour cette
raison, en constitue le vrai et immédiat sensorium,
nous trouvons que ce courant s'y est arrêté et épuisé
en grande partie ; qu'il ne s'est décomposé qu'en petite
proportion dans les rameaux subtils qui se sont infiltrés
dans la zone supérieure du sentiment, moins perméa-
ble à cette sorte d'excitations, et, à travers elle, aux
zones ultérieures encore de l'intellect et de l'idéal ;
qu'il ne s'est pas non plus déchargé soudainement,
excepté en minime partie, par les voies efférentes des
réflexes inconscients et des réactions immédiates ; mais,
trouvant cette première zone très absorbante et peu
conductrice et réflexive, qu'il s'y est presque tout
entier transformé en ces multiples actions mécaniques,
physiques, chimiques, dont l'ensemble constitue l'image,

c'est-à-dire en un équivalent psychologique interne
du fait cosmologique externe, moins éloigné et différent
de lui que tout autre, encore très intense, encore très
pur, d'autant plus plastiquement évident, d'autant
plus matériellement objectif, qu'il a parcouru moins
d'espace et a subi moins d'élaboration dans notre
cerveau. Eh bien! si cette image trouve sa place naturelle, ses liens sympathiques avec les autres images
préexistantes qui forment notre caractère sensoriel, si
elle nous plaît, si elle nous exalte, cela nous suffit pour
la dire belle.

Une chose n'a donc pas besoin, pour être belle, que
le courant nerveux qu'elle détermine en nous se pro-
page au delà de la zone du sens, qu'il suscite des émotions, confirme des théories, évoque des visions; tout
cela n'est qu'un surplus pour l'esthétique, un luxe pour
le beau. La condition essentielle, *sine quâ non*, est
l'image seule, l'image vive, chaude, immédiate, évi-
dente. Sont en effet très belles les transparences
symétriques et colorées du kaléidoscope; et beau est
le chant du rossignol, beau le parfum du jasmin, bien
que tout cela ne touche à proprement parler que les
sens.

4. — C'est donc par l'étude du sens que doit com-
mencer la série de nos recherches, lesquelles devront
ensuite graduellement s'élever aux vues les plus hautes
sur le beau et sur l'art; et, je le dis tout de suite, non
par l'étude du sens abstrait ni de deux ou trois sens
seulement, mutilant ainsi l'esthétique d'une grande
partie d'elle-même à laquelle, à mon avis, elle ne doit à

1.

aucun prix renoncer; mais par l'étude de chaque sens et de tous les sens en particulier, puisque je soutiens, avec Guyau et un petit nombre d'autres contemporains, que tous, bien qu'en diverses proportions, sont de riches sources de joies esthétiques. Je ne puis, sur ce point, aucunement m'associer à la majorité des esthéticiens, qui restreignent leurs recherches aux faits de l'ouïe et de la vue, uniques sens du beau, selon eux. J'admets bien qu'elles en sont l'aristocratie, tout au plus, mais je ne leur concède pas le monopole du beau, ni par conséquent de l'art. Et j'assigne, dans la hiérarchie des sens, la place infime au sens viscéral, qui donne des jouissances parfois intenses, mais toujours confuses et rarement conscientes; je place ensuite le sens musculaire, déjà plus psychologique; puis le toucher, le goût, l'odorat; après eux, à distance, la vue; et enfin, de bien peu supérieure à la vue, que beaucoup, au contraire, considèrent à tort comme plus élevée qu'elle, l'ouïe.

Et je les dispose dans cet ordre, parce qu'il est celui de leur évolution naturelle, tant des individus que des espèces, du premier, qui déjà existe seul, sous forme de cénesthésie incertaine et indifférente, dans l'ovule et dans le protozoaire, au dernier qui, comme tous les autres, en dérive par une longue série de différenciations, et qui est le plus récent et le plus exclusif chez les êtres supérieurs, celui auquel nous sommes redevables des impressions les plus profondes, les plus délicates et le plus vraiment humaines.

Je ne parlerai pas de chacun de ces sens, ni de la

nature essentiellement esthétique des joies qu'ils nous
procurent ; cela a déjà été fait abondamment et magis-
tralement avant moi par Mantegazza dans sa *Physiologie du plaisir*, et par le regretté Guyau dans
ses *Problèmes de l'esthétique contemporaine*. Et,
pareillement, je ne m'arrêterai pas longuement à étudier le pourquoi physiologique du plus ou moins de
plaisir ou de dégoût que nous causent les diverses
modalités des sensations, point qui se trouve traité,
avec un esprit de savant et une délicatesse d'artiste,
dans *L'Esthétique* d'Eugène Véron ; je me bornerai à
faire miennes, simplement, ses conclusions, à savoir
que, dans tous les cas, la cause du plaisir, et, par conséquent, l'essence du beau, réside dans l'exercice, pro-
portionné aux énergies dont il dispose à tout moment,
de chaque sens ; et à noter que, dans la zone limitée
du beau purement sensoriel, le plaisir de respirer un
air bon et piquant, par exemple, ou celui de nous
sentir capables de courir avec agilité et vigueur, ou
celui de caresser une fourrure moelleuse, ou celui de
nous chauffer, l'hiver, à un bon feu, équivalent bien,
esthétiquement, au plaisir de savourer un ragoût
exquis, de flairer un parfum très délicat, de contem-
pler un magnifique effet de lune, d'écouter une note
parfaitement modulée.

5. — J'ajouterai encore que, n'étant jamais une
sensation vraiment unique et isolée, tout notre plaisir
ou toute notre douleur esthétique sera toujours la
résultante de la composition de plusieurs plaisirs, ou
de plusieurs douleurs, ou de plaisirs ou de douleurs

ensemble, élémentaires et simples, coïncidant en nous,
directement ou par association mentale d'images, à un
moment donné. D'où le plaisir, tout comparatif, du
grand et du petit, de l'un et du multiple, du simple et
du complexe, de l'uniforme et du varié; d'où la beauté
des couleurs pures et des nuances, des mouvements
rapides et des lents, des lignes droites et des courbes,
des ciels étoilés et des parades militaires; des succes-
sions, des échelles, des alternances de notes, de rimes,
de mesures, en proportions définies et constantes, en
rapports simples et intuitifs; harmonies et mélodies,
symétries et eurythmies, même contrastes et antithèses (comme nains et géants, enfants roses et soldats
bronzés, trilles de flûte et grondements de contrebasse),
dans lesquels le travail nerveux s'équilibre et un centre
repose tandis que l'autre agit, où toute nouvelle perception, prévue, nous est plus facile, et où des courants
sympathiques intercentraux rétablissent le repos aimé
dans l'acte même qui se rompt la monotonie de
l'inertie absolue.

Et ici se trouve la vraie racine du gracieux, du
grandiose, du sublime, trois divers rapports quantita-
tifs entre le fait présent et les congénères antiques dont
nous conservons l'image dans la mémoire, ou entre
celui-là et d'autres présents aussi effectivement dans le
sens; trois termes, d'ailleurs tout autres qu'absolus
et rigidement délimités, mais marquant plutôt trois
pierres milliaires sur la route immense des quantités
considérées esthétiquement. Est gracieux, en fait, le
beau du petit, des notes aiguës, des couleurs claires,

des objets menus, des choses minces, fragiles et gentilles, du paysage vu dans les miroirs convexes, des sourires, des minauderies, des œillades expressives et gamines des bambins et des fillettes.

Tout autre chose est le grandiose : les notes sonores de la contrebasse et de la bombarde, les fortes couleurs éclatantes, les massifs palais de pierre, les fleuves solennels s'élargissant dans la plaine, les larges gestes oratoires, les thorax herculéens, les efforts athlétiques.

Et le sublime? Le sublime va encore au delà et atteint des grandeurs et des puissances qui éveillent l'idée de l'infini : le grondement du tonnerre, la violence de l'ouragan, la flamme d'un vaste incendie, la montagne, le désert, l'océan, l'abîme, les ténèbres sont sublimes parce qu'ils sont démesurés, c'est-à-dire supérieurs à toute comparaison.

Mais c'est toujours et seulement de la comparaison, même inconsciente, je le répète, que l'impression reçoit ce caractère spécial. Le jeune chat qui joue n'est gracieux que parce que ses mouvements sont agiles et légers par rapport à ceux d'un autre animal; le vaisseau n'est grandiose qu'autant qu'on a l'idée d'un bâtiment beaucoup plus petit; et la coupole de Brunelleschi n'est sublime qu'en tant qu'elle s'élance dans l'azur, en surgissant d'entre la multitude des humbles maisons de l'homme.

6. — D'autres beautés, toujours plus riches et qui ont en outre la fascination mystérieuse et exquise de l'inconnu, sont celles qui naissent des mutuelles suggestions spontanées des sens : celles par lesquelles

nous sentons la couleur ou l'obscurité de telle ou telle
voyelle, l'âpreté ou la fluidité de certains groupes de
consonnes, l'acuité ou l'obtusion des notes, la chaleur
ou la froideur des paroles, la pesanteur ou la légèreté
des périodes, grâce aux liens anatomiques et aux relations physiologiques entre les divers centres sensoriels.
Non seulement les phénomènes moins communs de
synesthésie, comme l'audition colorée, l'olfaction sapide,
et d'autres semblables, mais une grande partie des
ressources mimiques les plus communes, des figures
de rhétorique les plus heureuses, des artifices stylisti-
ques, des puissances descriptives de la musique ou
suggestives du goût, a là sa source naturelle et éternelle, et pénètre dans la constitution intime de notre
trame nerveuse.

Et là a son fondement le beau que, précisément à
ce titre, j'appellerai suggestif : celui par lequel la vue
seule ou l'odeur d'un mets appétissant en réclame
immédiatement la jouissance, à tel point d'accélérer
la sécrétion de la salive pour mieux le goûter quand il
nous arrive finalement à la bouche; ce même beau,
d'ailleurs, par lequel se vérifient toutes les admirables
et fécondes associations d'idées dont Guyau a tiré un
si riche parti, en parlant de chacun des sens en particulier, pour montrer la haute valeur esthétogène même
de ceux que l'on a l'habitude de traiter d'inférieurs.

C'est à ce beau suggestif que l'on doit rapporter certaines déviations, certaines aberrations qui de l'esthétique, parfois, nous transportent sur un tout autre
terrain : je fais allusion au beau sensuel (qui ne doit

pas se confondre avec le beau sensoriel, dont il n'est qu'une variété hybride), en opposition avec le beau classique. Dans celui-ci, même la plus complète nudité, comme dans la Vénus Capitoline, est chaste et impeccable, parce qu'elle est une pure forme visible, faite de lignes froides, de reliefs marmoréens ; tandis que dans celui-là, un rien, un regard, un sourire, un mouvement, un parfum, une tiédeur, un soupçon de peau entre un nuage moelleux de dentelles et de rubans, peuvent donner le vertige, représenter à notre esprit tout un paradis de joies fantastiques et multiformes.

Indépendamment de toute suggestion, ensuite, le beau sensoriel est d'autant plus riche et plus élevé que plus de sens le perçoivent ensemble directement, et que le cerveau éprouve de plaisir à en réunir toutes les sources dans une seule polyphonie concordante et harmonique. La passion du cigare, par exemple, est si générale, parce qu'elle chatouille harmonieusement presque tous les sens à la fois : le viscéral, le musculaire, le tactile, par l'exercice des poumons, des lèvres, de la langue, des dents, des glandes salivaires, par la pression, le froid et la chaleur ; le goût et l'odorat, par la saveur et l'odeur piquante et aromatique ; l'ouïe, très discrètement, intimement, par la crépitation de la feuille, la détente rythmique de l'air qui pénètre dans la bouche ; et la vue, par le miroitement de la braise dans l'obscurité, l'allongement de la cendre blanche à la lumière, les vapeurs grises, azurées et perlées, se tortillant en spirales fantastiques dans le repos plein de songes et de visions du cerveau narcotisé.

Et un banquet n'est-il pas cent fois plus beau et plus joyeux, si les mets et les vins, déjà exquis par eux-mêmes, y sont servis dans de la vaisselle historiée, dans des coupes élégantes, sur une table couverte de jolies nappes à dessins, ornée de vases, de fleurs et d'objets superbes en cristal et en argent, au milieu de belles dames et de gais amis, au son d'une musique vive et enjouée?

7. — Mais ce n'est pas seulement des combinaisons du beau avec un autre beau, qu'apparaissent de nou-velles et plus hautes beautés; cela naît parfois même de la combinaison du beau avec le laid, c'est-à-dire du plaisir avec la douleur. Si le laid, si la douleur ne surpassent pas le beau et le plaisir; s'ils sont avec eux en si étroits rapports qu'ils ne peuvent s'en séparer, même par la pensée, sans que ce beau et ce plaisir n'en soient dénaturés et même détruits, alors le laid, la douleur nous sont chers eux-mêmes par le réflexe lumineux qu'ils reçoivent du plaisir et du beau, aux-quels ils sont rendus semblables, et par le ressaut spécial et inusité qu'ils leur donnent en échange.

Telle est la nature du beau âpre, du beau ombragé, du beau bizarre, du beau piquant, du beau agréable.

Le beau âpre (le terme ne me satisfait pas, mais je n'en connais pas de meilleur) est celui dans lequel le plaisir se développe comme d'une scorie un peu gros-sière, un peu répulsive en principe, mais de laquelle il emprunte plus de relief et de vivacité. Est tel le beau du chardon sauvage et de l'opuntia, de certains minois de petites paysannes et de certaine franchise de cam-

pagnards; de certaines liqueurs amères qui ensuite
laissent douce la bouche, et de certains fruits acerbes
qui laissent satisfait le gosier; beautés simples et sauvages, primitives et ingénues, semblables à un diamant
non encore touché par la main savante du joaillier, ou
à un pays encore vierge de l'envahissement niveleur
des exigences civilisatrices.

Le beau ombragé, caché ou latent, est celui qui a
de la peine à émerger des qualités secondaires d'un
objet, tandis que les principales nous sont esthétiquement indifférentes, et que quelqu'une va jusqu'à nous
choquer. Quand nous disons d'une femme qu'elle n'est
pas belle, et que néanmoins elle nous plaît, — physiquement, s'entend, — nous nous expliquons mal;
nous devrions dire que toutes les lignes de son visage
ou toutes les formes de son corps ne sont pas belles,
et que, pour cette raison, elle ne nous avait pas plu
à première vue; mais qu'à ses défectuosités suppléent,
avec des mérites qui, moins voyants, ne sont certainement ni moins élevés ni moins esthétiques, la voix
sympathique, le geste gracieux, la toilette de bon goût,
un je ne sais quoi de spirituel qui se sent dans tout son
être; un ensemble de beautés intangibles, indéfinis-
sables pour un observateur vulgaire ou superficiel, mais
qui n'échappent pas à l'œil savant de l'analyste et non
seulement compensent, mais surpassent, absorbent,
assimilent presque, parfois, les défectuosités mêmes,
et les convertissent, pour nos sens suggestionnés et
illusionnés, en autant de beautés neuves et ensorce-
lantes.

Le beau bizarre existe dans tout ce qui nous blesse tant soit peu par l'étrangeté de l'un de ses éléments, par son opposition à quelqu'une de nos exigences habituelles, mais s'impose à nous par d'autres éléments plus forts auxquels nous devons avouer que les premiers conviennent étonnamment. Exemples : telles physionomies accentuées et caractéristiques, laides, certes, mais très expressives; certaines manières de se vêtir, communes parmi les artistes et les originaux, hors de mode, mais heureuses; certains animaux, certaines plantes, certains objets, de type aberrant, mais beau.

Et voici le beau piquant, frère jumeau du bizarre : celui dans lequel prédominent les élément agréables, mêlés à une dose à peine sensible de quelque chose qui ne nous plaît pas du tout, et qui nous picote et nous excite délicieusement. La saveur de certains vins mousseux, les détentes nerveuses de la bergeronnette, certains petits mouvements de fillettes un tantinet espiègles, un petit nez retroussé d'une façon provocante, sont des beautés piquantes qui, si elles ne nous font pas rire, nous font au moins sourire.

8. — Enfin, appelons plaisant ce beau, bien distinct et différent du ridicule, dans lequel de rapides impressions, intenses et agréables, et d'autres un peu plus légèrement mais toujours décidément désagréables, coïncident dans nos centres nerveux, y produisent ce picotement agité qui précisément se décharge à l'extérieur dans le rire jovial et joyeux; tandis que, dans le ridicule, ce sont les impressions désagréables qui pré-

valent un peu, de sorte que nous le nommons tout
bonnement laid et sommes entraînés à ricaner de
dédain plutôt qu'à rire de plaisir.

Je note, en attendant, la riche mais incertaine syno-
nymie du plaisant, au sujet de laquelle il est difficile de
trouver deux personnes d'accord, qu'elles soient artistes
ou critiques, philosophes ou philologues. Aussi vou-
drais-je proposer, en m'appuyant sur les raisons géné-
tiques des mots non moins que sur l'intuition intime de
la majorité, de nommer toujours et exclusivement
comique ou bouffon le beau plaisant sensoriel, humoristique le sentimental, spirituel l'intellectuel, grotesque
l'idéal : de chacun desquels je traiterai à part en son
lieu et place, ainsi que des formes d'art auxquelles ils
donnent la matière et l'origine.

Dans le champ des sens, le plaisant montre les formes
infinies du rire qui naît automatiquement, spécialement chez les gens moins doués de forces d'inhibition,
— femmes, enfants, peuple et sauvages, — en détirant
voluptueusement les membres engourdis, en les con-
tractant sous le chatouillement, en contemplant les
déformations fantastiques de la figure humaine dans
l'ombre, ou en assistant aux grimaces d'une guenon et
aux lazzis d'un saltimbanque nain et bossu. Dans tous
les cas, c'est toujours le plaisir d'une incitation nouvelle et vivace qui met en action un élément nerveux
quelconque depuis trop longtemps au repos, plaisir mis
en plus fort relief par une pointe très subtile de douleur, par un quelque chose qui, dans chacun des cas
cités, nous déplaît : ou l'excessive intensité, extension,

pluralité de l'incitation, ou son excessive rapidité ou lenteur, ou la choquante nouveauté et anomalie qu'elle présente.

CHAPITRE II

LES FACTEURS SPIRITUELS

9. — Quand un courant nerveux suffisamment intense, après s'être transformé en grande partie en images nettes et vivaces dans la zone inférieure du sens, conserve encore inaltérée une notable partie de son énergie, il continue à s'avancer par les zones supérieures que, dans leur ensemble, j'appellerai spirituelles, — bien entendu, au sens moderne, positif, physiologique, moniste du mot. Et, d'abord, il pénétrera, reflété par les viscères, dans la zone du sentiment, hormis le cas où, n'ayant pas atteint les organes intérieurs, il se serait immédiatement déchargé sur les muscles. Mais si cela ne se produit pas, ou ne se produit qu'en très petite partie, l'image sentimentale, c'est-à-dire l'émotion, au sens le plus exact du mot, qui surgit avec l'image sensorielle et par l'effet d'une même cause, se combine, se fond, s'unifie avec elle en un composé homogène, nouveau, inséparable; et, si la résultante est positive, elle donne lieu à un beau plus haut et plus noble que celui qui a son siège exclusif dans le sens, et que nous appellerons le beau sentimental.

Mais le beau sentimental n'est pas la même chose

que le bon, disons-le tout de suite. Le bon peut n'être
pas beau ou ne l'être que peu, avant tout parce qu'il est
toujours plus abstrait, théorique, indépendant de toute
vivacité d'images sensorielles ; effet d'un courant déjà
non plus vierge, c'est-à-dire déjà diminué et défiguré par
le travail accompli dans la zone précédente, il n'a déjà
plus avec la réalité extérieure ce rapport immédiat ; et,
en lui, l'élément extrinsèque, l'élément objectif, l'élément « non-moi », fait de formes, de couleurs, d'odeurs,
de caractères plastiques, physiques, matériels, en un
mot, a déjà perdu sa prépondérance sur l'élément intrinsèque, subjectif, personnel, dont se compose tout phénomène psychique, et cela en proportion d'autant plus
grande qu'il est plus élevé : de sorte que l'émotion
morale produite par un fait quelconque est, à égalité de
force centripète, d'autant moins vive que l'a été davantage l'impression esthétique pure, c'est-à-dire que plus
de force a été absorbée dans les centres sensoriels.

Au contraire, dans le beau sentimental prévaut
encore, et toujours, l'image ; le foyer du mouvement
psychique est toujours à la base, tant il est vrai qu'il
est toujours plus prompt à se réverbérer à l'extérieur,
à se traduire en acte : ce que nous verrons à son
moment.

Enfin, le bon peut être aussi complètement laid,
esthétiquement, comme dans l'acte héroïque de Mucius
Scévola ou dans le grossier mot plébéien lancé par le
fier Cambronne à qui lui intimait de se rendre ; tandis
que le beau sentimental est beau, surtout et avant tout ; et
ensuite, mais subordonnément, il peut encore être bon.

Entre le beau sensoriel et le beau sentimental il n'y a donc pas de confins précis, parce qu'il n'y en a pas dans le cerveau entre la zone des sens et celle des sentiments ; c'est une gradation continue et insensible du beau classique et froid, fait de pures formes et de couleurs, de simples sons et parfums, jusqu'au beau qui, peu ou beaucoup, nous touche et nous émeut dans les sentiments, en conservant néanmoins une force prépondérante de sensations immédiates et formelles ; et jusqu'à l'émotion au contraire prépondéramment sentimentale, dans laquelle l'image objective commence à pâlir, dans laquelle le beau devient accessoire et passe en seconde ligne par rapport au bien, et qui, par là, rentre dans la compétence de l'éthique en sortant de celle de l'esthétique.

J'ai dit que le beau sentimental est supérieur au beau sensoriel, et cela se comprend, puisqu'il en renferme tous les éléments, c'est-à-dire tout le plaisir qui vient par lui de la vivacité des images et de l'évidence des perceptions, en y ajoutant de plus toute la richesse de ses propres puissances, c'est-à-dire toute la joie qui naît de l'intensité des émotions et de la délicatesse des affects.

10. — Les hiérarchies du beau sentimental résultent, elles aussi, comme le beau lui-même, de la composition des hiérarchies des sens (isolés, ou combinés par suggestion, ou concourant effectivement à l'impression multiple) avec les hiérarchies des sentiments. Nous avons déjà parlé des premières. Nous ajouterons, au sujet des autres, que, parmi les sentiments, ceux qui occupent le rang le plus bas, comme plus anciens, plus communs

avec les êtres infimes et les premières phases de la
psychogénie des êtres supérieurs, ce sont les sentiments
le plus mesquinement égoïstes, puis les égo-altruistes,
ensuite les altruistes toujours plus nobles, plus larges,
plus désintéressés.

C'est pour cette raison que l'esthétique accueille
volontiers dans le champ du beau sentimental beaucoup de choses que l'éthique, au contraire, repousse de
celui du bon : spectacles atroces de combats de coqs,
de chiens, de taureaux, de bêtes sauvages; et c'est pour
cette raison aussi que nous éprouvons hypocritement
en secret, ou que nous affichons parfois courageuse-
ment à la lumière du jour, plus de sympathie esthétique pour le vice que pour la vertu, pour le scandale
que pour la retenue, pour Don Juan que pour le chaste
Joseph, pour Hélène que pour Pénélope, pour l'habile
dupeur que pour le naïf dupé, plus pour qui bat que
pour qui est battu.

Plus haut, en éthique comme en esthétique, est ce sentiment égo-altruiste par excellence qui s'appelle l'amour
sexuel, fait de sens, mais ennobli d'affects; plus haut
que le sentiment égoïste pur, mais moins élevé que les
sentiments qui tendent au pur altruisme; et, de l'idylle
de deux époux qui oublient le monde en s'adorant, il y
a toute une ascension étonnante de beautés sentimentales, jusqu'à la sainte image du Nazaréen qui passe,
bienfaisant, de pays en pays, prêchant la paix et le
pardon, l'égalité et la solidarité de tous les hommes.

D'autres sentiments, d'autant plus exquis qu'ils sont
plus indéfinis, nous sont suggérés mystérieusement par

les sens : « *Sunt lacrymæ rerum* », a dit Virgile;
Leopardi vaticine que « *d'alto affetto maestra è la
beltà* »; et Dante décrit en deux tercines immortelles
la mélancolie suprême du crépuscule, cette même
mélancolie qui inspira à Millet son tableau fameux
de l'*Angelus*. L'automne est triste comme le coucher
du soleil, mais le printemps est gai comme l'aurore.
Eugène Véron a très bien décrit, dans sa magistrale
Esthétique, comment tous nous sentons (et, en cherchant
bien, nous en trouvons toujours l'explication dans des
ligaments anatomiques de cellules et de fibres nerveuses, dans des associations inconscientes d'antiques
souvenirs ataviques), comment tous nous sentons l'effet
sentimental pathétique ou gai, humble ou superbe, des
lumières pâles ou vives, des accords en mineur ou
en majeur, des rythmes lents ou animés, des lignes
descendantes ou ascendantes, droites ou tortueuses,
des voyelles profondes ou aiguës, des gestes de dépres-
sion ou d'élévation, des serrements de mains faibles
ou vigoureux. Tous nous éprouvons un sentiment bien
différent pour le reptile qui rampe ou pour l'oiseau qui
vole; pour la courge qui s'agrippe impuissante çà et
là, et pour le roseau qui sautille agilement au soleil.
  La sympathie et l'antipathie, la haine et surtout
l'amour, sont faits presque exclusivement de ces mystérieuses suggestions du sens, lequel s'impose à notre
esprit par la voie des lignes du visage et du corps,
de la couleur et de la forme des habits et de la barbe,
du timbre et de l'élévation de la voix, de la tiédeur
et de l'odeur de l'haleine et de la peau, de la finesse

et de la qualité de la chaussure et des gants, des dentelles et des rubans, des bijoux et des fleurs, des mille insignifiants quoique omnipotents accessoires qui suffisent souvent à nous faire adorer ou détester une personne.

Mais, de même que plus de sensations homogènes ou hétérogènes, actuelles ou mnémoniques, peuvent concourir à donner le beau sensoriel composé, ainsi en advient-il aussi des émotions et des affects dans le champ sentimental, en se combinant entre eux et avec les sensations et les images qui en forment le substratum nécessaire. C'est là aussi le plaisir, et, de là, la beauté comparative du grand et du petit, du simple et du complexe : l'idylle ingénue et la passion troublante, le transport impulsif de l'enfant et l'énigme profonde d'un cœur de dame.

11. — Tout cela est donc complètement relatif et diffère suivant les divers individus, le caractère moral de chacun étant plus variable que son tempérament sensoriel.

C'est en effet avec ses éléments préexistants que se rencontrent, se comparent et se mesurent toutes les nouvelles émotions, et qu'elles en reçoivent leur valeur relative, tantôt positive, de plaisir, et tantôt négative, de douleur. Et c'est de ces comparaisons qu'ici aussi naît l'idée du gracieux, du grandiose, du sublime. Il suffit de la ténuité relative d'un sentiment, de la bonté petite et facile, de la politesse souriante et menue, pour le rendre, en fait, gracieux; de ce genre est, par exemple, le mot que Lombroso a trouvé écrit sur un banc d'école primaire de filles, à la fin d'une année scolaire : « Adieu, banc chéri ! souviens-toi toujours de ta petite maîtresse ». Et, au contraire, est grandiose la réponse dédaigneuse de Giordano Bruno à ses juges : « Vous tremblez plus en prononçant cette sentence, que je ne tremble en l'entendant ». Mais un beau sublime est dans ce souvenir de Moltke à Sadowa : passant au galop de son cheval à travers l'incendie et le carnage, il fut frappé de la majesté tranquille d'un bœuf colossal qui s'avançait lentement, sans souci de la grêle des balles et du déchaînement des flammes, contraignant le général prussien à s'arrêter pour l'admirer.

Dans le beau sentimental aussi nous avons ensuite la mélodie, la symétrie, l'harmonie, le contraste ; et les lois de leur plaisir sont toujours les mêmes que celles qui, nous l'avons déjà vu, gouvernent l'esthétique sensorielle : exercice et repos équilibrés et concordants, alternés et proportionnés suivant le besoin, de toutes nos facultés réceptives sentimentales, toujours, cela s'entend, avec le substratum et la prépondérance des facultés sensorielles. Est harmonie, — et on le dit, dans le langage commun, au moyen d'une métaphore heureuse, — l'accord des affects et des aspirations qui lie tous les cœurs dans une famille, dans une société, dans un État ; symétrie, l'égalité de deux situations sentimentales analogues et contemporaines dans un même drame, le développement parallèle de deux amourettes, le dénouement simultané de deux intrigues ourdies dans la même maison ; et contraste, extrêmement beau et efficace, les sentiments les plus opposés qui viennent à se heurter dans un même moment, se supprimant et

nous reportant à l'équilibre : Caïn et Abel, Sancho
Pança et Don Quichotte, Méphistophélès et Marguerite.

12. — Voyons enfin les combinaisons du beau avec
le laid sentimental, toujours, s'entend, avec résultante
positive.

Ceux qui se rappellent l'histoire de Marguerite Gau-
thier ont l'idée du beau pathétique ; ceux qui pensent
à lady Macbeth trouvent en elle le beau horrible ;
Victor Hugo a découvert un beau caché même dans le
fanatisme impitoyable de Torquemada ; piquante est la
Gilberte de *La Débâcle* de Zola ; risible enfin, mais,
ici, risible humoristique et beau, est le chevalier de la
Manche ; tandis que, à côté de lui, son fidèle écuyer est
tout bonnement ridicule et laid. Le gros bon sens de
l'un, l'héroïque idéal de l'autre, sont beaux tous deux
et nous plaisent ; au contraire, nous déplaisent et nous
apparaissent laids, dans l'un, l'égoïsme couard, dans
l'autre, la folie aveugle ; mais dans notre cœur prévaut, pour l'infortuné et maigre utopiste, une irrésistible sympathie qui au rire mêle les larmes, tandis que
nous éprouvons, au contraire, une antipathie insur-
montable pour le gros et sceptique homme pratique,
et jouissons de bon cœur chaque fois qu'il reçoit une
solide leçon.

Il en est pareillement ainsi dans les autres combinaisons du beau avec le laid sentimental : c'est une
histoire de douleur et d'amour dans laquelle la grandeur de celui-ci triomphe de la force de celle-là ; c'est
une virile énergie qui compense une ambition effrénée,
c'est un haut idéal qui justifie une cruelle tyrannie ;

c'est le doux péché qui se rachète par son inconscience même : quelque chose, toujours, qui déplaît, peu ou prou, mais combiné avec quelque autre élément plus fort, qui sort prépondérant et triomphant du choc.

13. — Dans la classification naturelle et évolutive des phénomènes psychiques d'impression, les phénomènes intellectuels tiennent la troisième place. Ils ont lieu quand un courant nerveux, déjà filtré à travers les deux épaisses couches inférieures et y ayant déposé la majeure partie des éléments objectifs dont il provenait au début, se continue en une nouvelle couche plus haute et y donne lieu à une nouvelle perception plus ou moins distincte et séparée des deux premières, la sensorielle et la sentimentale. Cette nouvelle perception, qui devrait s'appeler notion, et qui a lieu dans les centres du langage, apparaît donc fort différente de ce qu'avait semblé l'objet réel à la première impression faite par lui sur les sens, et à la seconde produite par lui sur les sentiments : c'est-à-dire un abrégé, un extrait, un schéma de la réalité, désormais décoloré et déformé et souvent même réduit, remarque Meynert, à un simple signe, à une parole presque privée de suggestions sensibles et d'attributs matériels. On comprend, par là, qu'elle n'atteint sa plus grande clarté que quand le courant qui lui donne lieu ne s'est pas trop longtemps retardé et prolongé dans les champs du sens, s'épuisant en images très évidentes, ni dans ceux du sentiment, se transformant en émotions trop vivaces. D'où la différence entre le vrai, objet de la logique, qui trop souvent peut aussi être laid, et le beau intel-

lectuel, qui est d'abord beau, puis intellectuel, et qui, pour cette raison, fait justement partie des domaines de l'esthétique. Celui-ci, en effet, est toujours et substantiellement dans l'image claire et agréable, immédiate et sensible ; et il se compose d'elle, des émotions qu'a produites le même courant avec ses branches secondaires et moins importantes, et enfin, mais enfin seulement, aussi des pensées suscitées par ses ultimes et subtiles ramifications.

Il me semble superflu d'ajouter encore que la condition de sa production est indubitablement la perméabilité de la couche intellectuelle à la nature spéciale de l'excitation, sans laquelle le courant, lorsqu'il en reste encore après les images et les émotions produites, se reflète dehors à l'extérieur en actions et en mouvements ; et il est d'autant moins nécessaire d'ajouter ensuite, sinon en passant, que du moment où cette forme de beau renferme et présuppose les formes précédentes, auxquelles il n'est pas nécessaire d'enlever quoi que ce soit pour qu'elle ait lieu, il conviendra de la placer plus haut que toutes deux dans la hiérarchie des choses belles.

14. — En conséquence, les hiérarchies du beau intellectuel se composeront de celles du beau sensoriel duquel sont venues les excitations, de celles du beau sentimental produites par celles-ci en passant, et enfin, composant moindre et subordonné, des hiérarchies naturelles des pensers qui en sont finalement nés. Or, parmi ces pensers, il y en a de fort simples et primordiaux et dont sont capables maints animaux en

2.

même temps que l'homme primitif, sauvage, inculte,
enfant; d'autres réclament un développement plus
complexe d'organisation nerveuse, et, pour cette
raison, ne sont plus possibles qu'auprès des intelli-
gences moyennes des hommes adultes; d'autres enfin
sont si élevés et complexes, exigent une si grande puissance d'esprit et un si grand trésor de connaissances,
que seuls les élus, seuls les penseurs, seuls les raffinés
y peuvent parvenir. Les hiérarchies du beau intellectuel s'adaptent donc, à égalité de position, dans celles
du beau sensoriel d'abord, et dans celles du beau sentimental ensuite, à ces critériums naturels et psychogé-
nétiques.

Nous trouvons les premières sources de ces plaisirs
élevés en nous rendant compte du plus petit et du plus
humble fait, même mécanique et matériel, qui nous a
paru beau et intéressant sans être, dans ses causes,
d'une évidence intuitive. Regardez la joie de l'enfant
qui arrive à découvrir le ressort secret de son jouet!
D'autres sources un peu plus élevées jaillissent d'impressions intellectuelles plus compliquées, comme celles
que nous apportent les jeux de cartes ou d'échecs, qui
impliquent, en même temps que la part du hasard ou
de l'adversaire (qui leur donne l'élément émotionnel,
tandis que la symétrie ou le rythme de l'action leur
donne l'élément sensoriel), celle de l'habileté du
joueur.

Mais nous puisons à des sources bien plus larges et
bien plus hautes encore nos joies esthétiques intellectuelles. Nous en trouvons dans tout ce qui nous fait le

plus sérieusement et le plus profondément penser;
dans tout ce qui nous affine l'intelligence en recherches
analytiques minutieuses et patientes, dans tout ce qui
nous élargit l'esprit en superbes et géniales conceptions synthétiques. Des plus simples opérations d'arith-
métique, avec leurs chiffres régulièrement et harmoniquement alignés, qui nous épargnent tant de fatigue
de numération mécanique, qui nous conduisent rapidement, sûrement, nettement, par le moyen de leurs
ingénieuses combinaisons, au résultat voulu; de tout
cela, dis-je, aux plus élégantes et ardues formules
algébriques, trigonométriques et logarithmiques; des
plus élémentaires expériences de physique aux plus
merveilleuses révélations du télescope; des émotion-
nantes découvertes de l'hypnotisme aux prévisions pro-
digieuses de la statistique sociologique; et de toutes les
contributions éloquentes des sciences particulières à la
théorie universelle de l'évolution, il y a une continuelle ascension des régions les plus basses aux plus
hautes de la pensée; il y a un continuel développement
et ennoblissement non seulement du vrai, mais aussi
du beau, chaque fois que le sens a sa part dans l'immédiate perception des choses, dans l'exposition coloriée et imagée, dans les illustrations claires et artistiques, dans les diagrammes, les schémas, les formules
suggestives et symétriques; et l'élément sentimental
n'est pas absent dans l'intérêt qu'éveillent toutes les
grandes questions théoriques, dans la passion que font
naître tous les grands débats de la science, dans les
conséquences pratiques, utilitaires, morales, politiques,

religieuses, qui peuvent résulter des solutions différentes de tel ou de tel grand problème scientifique.

15. — Mais parmi les pensers donneurs de fines joies
intellectuelles et souvent très élevés et complexes, il
y en a de suggérés aussi, à travers des voies indirectes
et mystérieuses, par le sens et par le sentiment, sans
qu'ils puissent se dire la continuation du même courant
auquel sont dues les images ou les émotions mères. On
pourrait paraphraser à juste titre la profonde sentence
de Virgile, en disant qu'il y a une *eloquentia rerum*
ou une *philosophia rerum* : dans les esprits habitués à penser, un rien est souvent une impulsion au
travail cogitatif, et une secousse quelconque du système nerveux produit des réveils inattendus de vieux
souvenirs et des associations d'idées nouvelles et imprévues. Une symphonie de Beethoven, dit-on, exerça un
jour un effet de ce genre sur la grande âme de Gœthe,
en lui inspirant une haute synthèse philosophique; et,
de même, la colère éprouvée par Fourier en voyant
jeter à la mer des sacs de riz, en vue d'en enchérir le
prix, lui fit concevoir ses hardis expédients socialistes
contre le monopole et la spoliation.

Dans le grand et dans le petit des pensers, c'est-à-
dire dans le nombre et dans l'intensité de leurs éléments psychiques, nous trouvons ensuite le gracieux,
le grandiose, le sublime. Sont parfois gracieux, par
exemple, les raisonnements ingénus, les subtils artifices, les expédients et les ruses de certains animaux et
des enfants, ou les brèves sentences, les mots rapides
et les formules simples dans lesquels se résument sou-

vent des vérités agréables et ingénieuses. Grandioses,
les larges théories qui embrassent de très nombreux faits
et les expliquent, les découvertes et inventions décisives
qui ouvrent de nouveaux horizons au savoir et impriment
de nouvelles directions aux mœurs : telles la théorie
darwinienne, la découverte de la vapeur, l'invention de
l'imprimerie. Sublimes, enfin, les synthèses audacieuses
et puissantes, les divinations du génie, les vérités suprêmes qui nous comblent de stupeur et d'admiration :
le calcul intégral, la géométrie transcendante, l'unité et
l'éternité de la matière et de la force, la gravitation
universelle, la cosmogonie de Kant et de Laplace,
l'évolution des organismes et des sociétés, la loi du
progrès, la théorie de la connaissance.

Une chaîne de beaux raisonnements clairs et exacts
constitue, comme dans le système périodique de Men-
delejeff en chimie, comme dans le développement d'une
théorie mathématique, une véritable mélodie intellectuelle, avec sa série croissante de théorèmes, de corollaires, d'applications, rigoureusement et graduellement
coordonnés. Dans la *Divine Comédie*, vous trouvez un
système étonnant de symétries trilatérales dans le
nombre des cantiques, des girons, des cercles, des
vers formant la strophe, des peines et des récompenses,
des concepts et des idées qui reviennent et se rappellent
à termes fixes; ce sont des harmonies intellectuelles,
toutes les analogies et les homologies qui apparaissent,
en biologie comparée, par exemple, dans les organes et
les fonctions des animaux et des plantes issus d'une
même souche et façonnés, en conséquence, sur un

même plan de structure; et ce sont des contrastes
intellectuellement très beaux, ceux que constituent dans
notre penser les théories opposées : le dualisme et le
monisme, l'idéalisme et le matérialisme, le libre arbitre
et la nécessité, l'orthodoxie et la critique.

Et plus beau encore est le travail de la critique
élevée et sereine qui sait tirer, de ces antithèses et de
ces concordances, l'évidence nue et franche. Les données superflues et inutiles écartées, elle aime à se
réduire à un petit nombre de faits éloquents, de caractéristiques exemplaires, de types simples et communs,
d'autres types oscillant en deçà et au-delà, afin que
le vrai, épuré, passé au crible, taillé à facettes comme
un diamant par la main du joaillier, brille et resplen-
disse d'eux dans tout son noble éclat.

16. — Donnez-moi un pur vrai qui se désemprisonne
d'une expression un peu dure, d'un fait un peu cho-
quant; donnez-moi un vrai évident exhumé d'un amas
de scories vaporeuses et incohérentes; donnez-moi un
vrai qui conquière brutalement sa place dans l'intelligence, en en chassant ou en menaçant d'en chasser
d'autres vrais supposés ou réels, ou en les comprimant
dans un petit espace pour dominer souverainement lui
seul, et vous aurez sous les yeux autant de combinaisons du beau avec le laid intellectuel, mais toujours
avec prépondérance du premier. Tels la cruelle beauté
du réveil final d'une grave erreur dans laquelle nous
avons persisté pendant des années; le beau caché qui
finit par jaillir, lumineux et concis après une longue
méditation, d'un problème obscur et embarrassé; le

beau paradoxal que nous repoussons en vain fréquemment de notre penser, en hommage à des préconceptions non moins vides et fausses qu'accréditées et domi-
nantes, annihilées et rejetées maintenant, au contraire,
par le conquérant.

Et désormais il ne nous reste qu'à indiquer le beau
intellectuel piquant, bizarre, ingénieux, dont les conditions sont toujours celles déjà démontrées dans le sens
et dans le sentiment. Ce sont toujours des étincelles
brillantes qui jaillissent du choc de plusieurs concepts
divers, dont les uns, les plus nombreux, par concor-
dance avec les préexistants, sont agréables ; les autres,
moindres en nombre ou en puissance, et discordants,
désagréables. Sont piquants certains sophismes qui
paraissent démontrer évident l'absurde, ou certains
jeux de paroles, accidentels ou voulus, qui nous font
dire l'opposé de ce que nous voulons, avec une intention
réelle ou apparente de tàquiner les convictions d'autrui ;
bizarres sont parfois les lapsus qui échappent de la
bouche à qui parle, de la plume à qui écrit, de la
main à qui imprime; mais spirituels, quand ils sont
gais et spontanés, sont les badinages et les mots, les
fadaises et les coqs-à-l'âne, les combles et les plaisante-
ries qui cueillent au vol les rapports subtils et lointains
de choses, de noms, d'idées, et les expriment sous des
formes imprévues, déliées, brillantes, vivaces : fines
allusions, comparaisons inusitées, métaphores étranges,
caractères inconnus attachés tout à coup aux choses,
analogies momentanées et fortuites imposées aux objets
les plus disparates, oppositions trouvées çà et là parmi

les choses les plus unies et les plus concordantes, picotant toujours un peu nos vieux jugements prédéterminés, mais satisfaisant plus vivement notre soif inépuisable du nouveau.

17. — Quand un courant nerveux, ayant donné au sens une partie de lui-même, une autre au sentiment et à l'intellect, et en partie aussi s'étant réfléchi de ces trois zones à l'extérieur, reste encore assez fort pour envahir la zone suprême de l'idéal, et la trouve absorbante, alors il y est perçu d'une quatrième et plus immatérielle manière, qui, en un sens restreint et transcendantal, pourrait s'appeler vision : laquelle se différencie de la notion qui s'est formée dans la zone précédente, en étant désormais quelque chose de tout à fait nouveau et subjectif par rapport à l'objet qui l'a engendrée, quelque chose de dématérialisé, pour ainsi dire, de complètement spiritualisé; non plus même schéma, mais essence, non plus signe, mais symbole, non plus parole, mais verbe; c'est-à-dire, non plus notre esprit modifié par la réalité, mais la réalité transfigurée et rendue création nouvelle par notre esprit.

Quand donc cette vision se forme indépendamment de l'image sensorielle ou en prévalant sur elle, et indépendamment aussi de l'émotion sentimentale et du concept intellectuel, alors elle échappe à l'esthétique et est du domaine des spéculations métaphysiques et du dogmatisme spiritualiste; mais quand la place principale et prédominante est toujours tenue par l'image claire et objective, et, après celle due à l'émotion chaude et vibrante et celle qui appartient à la notion nette et pré-

cise, la place moindre est occupée par cette vision
·idéale, comme par un signe lointain, par une aspiration
indéterminée, par une vague lueur qui émane, semblable à une auréole, du beau, du bien, du vrai, alors,
et alors seulement, nous avons à proprement dire
le beau idéal. Celui-ci est donc une combinaison, un
composé de tous ces quatre éléments, et dans ces
seules proportions déterminées; autrement, cela peut
être idéal, sacré, saint, divin, mais certainement pas
beau, au moins dans le sens propre et esthétique de
ce mot.

Comparez la religion païenne des Grecs et des
Romains, la religion catholique des Italiens de la
Renaissance et celle aussi de nos populations méridio-
nales d'aujourd'hui, à la religion chrétienne des ascètes
des premiers siècles, à la religion réformée des protes-
tants allemands et anglais, à celle, sublimée, de l'inconnaissable, de l'absolu, de l'infini, dans laquelle se réfu-
gient actuellement les esprits les plus hauts et les plus
éclairés parmi ceux qui ne sont décisivement ni agnos-
ticistes ni athées : vous trouverez le plus splendide et
le plus clair exemple de beau idéal dans les premières, qui ne sont rien que lumière, pompe, fête, sens,
sentiment et passions humaines, positivisme anthropo-
morphe et utilitaire, peur de douleurs corporelles et
désir de joies sensuelles, logique mutualiste de sacrifices et de compensations entre les mortels et les immortels, entre les hommes et les dieux, traduction symbolique et fantastique de vérités positives et réelles;
tandis que vous aurez dans les autres l'idéal plus haut,

plus pur, plus grand, mais l'idéal seulement, l'idéal surhumain et intangible, au delà et au-dessus du monde réel, qui n'est plus ni beau ni laid parce qu'il n'est plus sensible et échappe par là complètement à l'esthétique. La beauté prodigieuse de l'enfer, du purgatoire et du paradis de Dante n'aurait pas été possible à un poète plus oublieux des misères et des joies terrestres, plus libre et plus affranchi de tout souvenir et de toute influence païenne, de toute pensée des lieux et des temps dans lesquels il vivait : et cela est si vrai, que le « Paradis », le plus métaphysiquement idéal des trois cantiques, est aussi le moins beau.

18. — Les hiérarchies du beau idéal qui, il n'est pas besoin de le dire, est le beau suprême, se fondent, outre sur les raisons sensorielles, sentimentales et intellectuelles préordonnées, sur la raison, que nous avons déjà vue appliquée dans les degrés précédents, du caractère plus ou moins synthétique et compréhensif dont est revêtue par rapport aux autres chacune des visions qui lui appartiennent. Au rang le plus bas je mettrais en conséquence les choses et les faits isolés qui engendrèrent les premières religions idolâtres et fétichistes : le souffle, l'ombre, les reflets, la matière à l'état de fumée, de vapeur, de gaz, qui parurent aux peuples primitifs des choses immatérielles, incorporelles, surorganiques, et leur donnèrent l'idée, encore brute et massive, de l'âme; puis ces phénomènes humains qui firent concevoir le monde d'au delà, le monde des purs esprits, l'Élysée et l'Érèbe, l'Olympe et l'Averne, les anges et les démons, les saints et les

damnés, les divinités supérieures et les inférieures :
sommeil et songes, évanouissement et catalepsie, som-
nambulisme et épilepsie, délire et hallucination, folie
et mort dans son austère, mystérieuse et redoutable
majesté ; enfin, la haute montagne, le désert, l'océan,
le ciel, la tourmente, le simoun, les fureurs de l'air,
de l'eau et du feu ; les paisibles et vastes solitudes, les
forces énormes et indomptables, en face desquelles
l'homme se sent isolé, chétif, impuissant, en présence
de l'infinie et omnipotente nature, de la beauté, de la
puissance, de la sagesse absolue, et conçoit l'idée
suprême, l'idée universelle, l'idée de Dieu.

Sont donc beau idéal, et toujours plus élevé, notre
ombre, celle des arbres, celle des tours et des monuments qui revêtent parfois des formes fantastiques et
gigantesques, comme dans le phénomène bien connu
du spectre du Brocken ; une forêt silencieuse et demi-
ténébreuse, après le coucher du soleil ; le bouillonnement de la mer et le hurlement du vent, dans la nuit ;
le grondement du tonnerre et la fulguration des éclairs,
à travers l'épaisse obscurité noire de l'orage ; les
nuages eux-mêmes, blancs, perlés, gris, dorés, pour-
prés, flamboyants, violets, verdâtres, à cirrus subtils,
à cumulus cotonneux, à longs stratus, à nimbus effran-
gés et orageux, immobiles au ciel ou volant et se
métamorphosant dans les hauteurs comme des faunes
cyclopéennes d'oiseaux monstrueux non encore vus ;
les galeries fumeuses et retentissantes dans lesquelles
s'abîme le train s'enfonçant dans l'inconnu ; les cavernes et les grottes, les obscurs hypogées, les labyrin-

thes de stalagmites légers et d'énormes colonnes, à la
lumière rougeâtre, oscillante, manquante, des torches
résineuses ; la blanche lune, pleurant une lumière de
neige, étendant des ombres noires très nettes sur la
campagne endormie, la lune dans laquelle le chien et
le cheval aussi devinent quelque chose de transcendant
et de surhumain, et qu'ils admirent et redoutent ; et la
nuit, calme, ténébreuse, immense, peuplée de fan-
tômes et de rêves, de voluptés et de terreurs, la nuit
profonde et mystérieuse qui triomphe de notre raison,
qui nous impose la pensée de l'absolu, de l'infini, du divin,
« car tout mystère est Dieu, tout mystère est sacré ! »

19. — Et combien de choses, combien de phénomènes qui n'ont en eux rien d'immatériel ni d'infini, ne
nous suggèrent pas les visions éthérées du beau idéal !
Combien de fois ne nous semble-t-il pas deviner des
pensers mystérieux cachés sous les formes closes et les
couleurs muettes du vrai ! Combien de fois celui-ci ne
se montre-t-il pas à nous non plus dans sa signification
finie, propre, mais comme symbole fantastique d'autres
beautés transcendantales, comme apparence sensible
de vrais plus mystiques, transfiguration intérieure étonnante de ce que l'on voit et l'on touche à l'extérieur !
Pourquoi plantons-nous le haut cyprès sombre et solitaire auprès des tombes des morts ? Que n'y a-t-il pas
de dantesque, de presque infernal, dans le tronc tordu,
fendu, convulsé, contracté, du pâle olivier ? Et dans
l'œil jaune et phosphorescent du chat, « qui semble
s'endormir dans un rêve sans fin » ? Et dans la face de
sphinx des sinistres rapaces nocturnes, et dans la

lamentation du grand-duc, et dans le cri du milan? N'y a-t-il pas quelque chose de divin dans le feu qui, flamme, se tord en changeant de couleur et en éblouissant la vue; braise, nous fascine, nous ensorcelle, et nous contraint à le regarder pendant des heures avec des yeux tout grands ouverts, et à rêver, l'âme en extase? Et pourquoi, chez tous les peuples, l'ascétisme s'étaye-t-il sur l'encens et sur les résines ardentes? pourquoi le son des orgues et le lointain tintement des cloches éveillent-ils encore la tristesse et la nostalgie de la foi dans les cœurs les plus fermes et dans les cerveaux les plus nourris de science? Et la musique? Et l'œil, le divin et profond œil humain, fascination, abîme, magie, enchantement, par quelles voies secrètes ne semble-t-il pas souvent nous entraîner dans le monde des visions?

Et ici, dans le cas de l'œil, ce n'est plus seulement une suggestion du sens, mais c'est déjà aussi une suggestion du sentiment, du sentiment porté à ses plus nobles hauteurs : de l'amour, qui fait adorer comme une sainte, idolâtrer comme une divinité, la personne, transfigurée à nos yeux, qui en est l'objet; du dévouement profond, qui lie parfois un homme à un autre homme comme une créature au créateur, un mortel à une déité. Beautés idéales vertigineuses, auxquelles parviennent même, ou je me trompe, quelques animaux. N'est-ce pas, en effet, quelque chose de fort semblable à cela, l'affection humble et presque religieuse que le chien éprouve souvent pour son maître?

Ce sont aussi des suggestions idéales de l'intellect, celles par lesquelles l'homme instruit et civilisé, ayant

perdu les vides illusions du monde incorporel des ombres et des esprits, se rendant compte des phénomènes
physiques qui l'avaient induit en erreur, possédant
l'intuition et la preuve de la loi de l'éternelle et progressive évolution de l'univers, attend avec confiance
des grandeurs toujours supérieures, aspire avec certitude à des conquêtes toujours plus hautes, s'élance
superbement à l'escalade du surhumain, bien que, en
comparaison de ses ancêtres les moins éloignés,
l'homme soit déjà aujourd'hui un demi-dieu sur la
terre, et sera un dieu peut-être demain. L'idéal s'élance
en avant des avant-postes extrêmes du vrai et précède
à grands pas la science; les plus importantes conquêtes
de la pensée moderne ont eu pour téméraire avant-
garde l'utopie et le rêve; ce fut le génie fantastique
qui le premier découvrit dans l'obscurité le but, qui le
premier épandit la lumière sur le terrain de l'igno-
rance et du dogme; les empiriques vinrent après,
éblouis, aplanissant la voie, supprimant les encombres,
stratifiant le chemin de leurs patientes mosaïques, chan-
tant enthousiasmés les péans de la victoire. Ce furent
des visions superbes, avant d'être des vérités scientifiques expérimentales et tangibles, avant d'être le
patrimoine commun de conquêtes civilisatrices, que le
mouvement et la rotondité de la terre, la vapeur et
l'électricité, l'atomisme et l'évolution; ce que les voyants
découvraient dans des choses jusqu'à ce jour-là insignifiantes, étaient des délires et des folies pour les contemporains, mais ces découvertes ont transformé la face du
monde et sont aujourd'hui la gloire du siècle nouveau.

20. — Le gracieux a, en matière de beau idéal, sa place dans les petits génies de l'air, dans les légers follets, dans les vifs petits esprits, dans les gnomes fripons et malicieux, dans les petits satyres remuants qui jadis, au temps des beaux mythes païens, peuplaient les forêts et les sources, les maisons et les grottes, la lumière et les ténèbres; le beau grandiose, je le découvre dans les feux et dans l'or des vastes couchers de soleil, dans les rideaux, les voiles, les longs festons et les transparentes tapisseries à arabesques des aurores boréales; et le beau sublime, dans le ciel infini et étoilé de l'interlunium, dans la grande voûte azurée profonde et obscure, dans la solennelle harmonie des sphères de l'univers, dont la terre n'est qu'un petit grain; l'homme, l'imperceptible « roi de la création », qu'un atome, et les siècles, les longs millénaires, l'histoire entière du genre humain, que des instants fugitifs.

J'ai ainsi déjà constaté une harmonie de beautés idéales. L'Olympe païen, la nature même déifiée dans ses forces, en est comme une traduction personnifiée et fantastique. Mélodiques sont le continuel écoulement des eaux courantes et l'éternelle chanson de la mer sur le rivage, et symétrique est le ciel reluisant et éthéré de Dante. Quel contraste entre les sons et la lumière, les encens et les joies du paradis catholique, et les hurlements et les ténèbres, la puanteur, la fumée, les flammes et les massacres apocalyptiques de l'enfer!

Le beau et le laid idéaux, en combinaison positive, conduisent, eux aussi, à une foule de formes esthétiques particulières, dont nous avons déjà rencontré çà

et là des exemples : la course bruyante du train à travers les entrailles ténébreuses et humides de la terre,
au milieu de la fumée et de la poussière du charbon ;
la livide lumière verdâtre de quelques couchers de
soleil d'automne ; certaines monstrueuses images phal-
liques des monuments égyptiens ; les formes étranges
de la chauve souris, du basilic, du chat-huant, ont
toutes quelques éléments que je serais tenté d'appeler
infernaux et sacrilèges, tant il est vrai que l'art les a
toujours employés comme accessoires dans la représentation du monde souterrain des damnés et des réprou-
vés ; mais elles possèdent aussi une fascination de curiosité et de grandeur transcendantales qui triomphe de
l'horreur et contraint à une contemplation mystique et
pour ainsi dire religieuse. Les graves fantoches auto-
matiques, rigides et cadavériques, mouvant les bras,
les jambes, la tête, les yeux et la bouche ; les idoles
informes et inhumaines de beaucoup de peuples asiati-
ques ; les faunes et les satyres extravagants et lascifs ;
les plantes et les bêtes fauves fantastiques et colossales,
accouplements impossibles d'oiseaux et de reptiles,
d'hommes et d'animaux, de poissons et de mammifères, de membres et de feuillages, que les foules ima-
ginatives ont créés et que l'art a fixés en couleurs et en
marbres, en cariatides et en mascarons, sont beaux et
laids en même temps. Ils sont respectivement effrayants,
piquants, bizarres, macabres, grotesques ou terribles ;
mais ils sont toujours idéaux et ont toujours pour nous
un charme plus fort que la répugnance, un attrait dont
la répugnance même est une grande et inséparable partie.

LIVRE II

LES FACTEURS SUBJECTIFS DU BEAU

CHAPITRE III

LES FACTEURS INTRINSÈQUES

21. — En parlant, jusqu'ici, de l'impression du beau, nous n'avons tenu compte que des facteurs objectifs de l'impression même, c'est-à-dire de ceux qui dépendent de la nature diverse et des qualités variées de l'excitation qui la produit; cela revient à dire que nous avons fait abstraction du caractère divers et des circonstances variées de l'individu qui la reçoit, c'est-à-dire de son goût personnel inné et des causes qui le modifient selon les lieux et les temps. Nous devons donc maintenant nous occuper particulièrement de cet autre vaste sujet ardu et tant discuté, la fameuse question de la relativité du beau.

Nous n'avons ni tous ni toujours le même goût, c'est-à-dire que nous n'éprouvons pas, par la même excitation, un égal plaisir ou une égale douleur esthétiques. Les vieux adages : *Tot capita, tot sententiæ*,

3.

De gustibus non est disputandum, et d'autres semblables, ne font qu'affirmer en l'exagérant, comme
notre définition l'affirme implicitement, mais en la
réduisant à ses justes limites, cette grande vérité : à
savoir que le beau est ce qui s'accorde à notre caractère, non seulement en ce que celui-ci a de plus ou de
moins stable, mais, chaque fois, aussi dans ses fluc-
tuations, dans ses aspects du moment, dans ce que
l'on nomme communément l' « humeur », où l'excitation esthétique nous trouve ; caractère et humeur sensoriels, émotionnels, intellectuels, idéaux, d'autant
plus différents qu'agit amplement et hautement l'excitation, et que les divers individus sur lesquels agit
une même excitation sont éloignés par l'organisation
somatique, par l'évolution de l'espèce et de l'être, par
la race et par le sexe, par les traditions et par les
mœurs, par l'éducation et par la culture. Mais nous
n'acceptons pas pour cela les yeux fermés, ai-je dit, les
sceptiques opinions anarchiques par lesquelles on vou-
drait soustraire complètement l'esthétique aux enquêtes
de la science, aux lentilles de la critique, aux fers de
l'analyse, aux creusets de la synthèse ; par lesquelles,
même, on arriverait à la rendre absolument impos-
sible : car cette relativité même est déjà, à son tour,
bien connue dans ses causes, lesquelles résident dans
deux lois biologiques et psychologiques fondamen-
tales, la loi d'hérédité et la loi d'ambiance, l'inertie
et la mobilité, la fixité et la variabilité du monde
vivant et pensant. Nous avons en fait pour le beau
les goûts que nous ont transmis dans les sens et dans

l'âme nos aïeux récents et nos progéniteurs éloignés ; et de ces goûts, les plus essentiels et les plus profonds nous sont communs avec tous les vivants, puis, successivement, d'autres plus contingents et plus récents avec les seuls animaux, avec les seuls habitants des terres émergées, avec les seuls vertébrés à sang chaud, avec les seuls mammifères, avec les seuls hommes, avec la seule race blanche, avec les seuls Européens méditerranéens, avec les seuls Latins, voire même avec nos seuls compatriotes ou concitoyens, ou avec la seule classe moyenne parmi eux, ou, enfin, avec les seuls membres de notre famille, ou pas même avec eux. Ainsi, d'autres goûts nous sont venus, individuellement (et ceux-ci changent facilement de personne à personne et de moment à moment dans chacun de nous), des circonstances diverses d'existence dans lesquelles nous avons grandi et dans lesquelles nous nous trouvons, climats et pays, parents et connaissances, écoles et sociétés. Mais, comme on le voit, au-dessous de cette superficie mobile, variée et trompeuse, nous découvrons toujours des couches d'autant plus stables et denses, vastes et uniformes, qu'elles sont plus antiques et organiques, plus physiologiques et physiques ; et de celles-ci, qui forment le sens commun du beau, l'esthétique positive et naturaliste peut bien tirer ses théorèmes capitaux, desquels elle trouvera facilement ensuite, en remontant à la superficie, que toutes les apparences toujours plus variées et plus multiples ne sont que des corollaires, que des dérivations, que des cas spéciaux.

22. — L'air, la lumière, la chaleur, les aliments nous donnent des joies esthétiques profondes et organiques, inconscientes souvent, mais grandes et intenses, qui nous sont communes non seulement entre nous tous, mais même avec les animaux et jusque avec les plantes; et au delà encore, avec les êtres infimes unicellulaires, les protistes, desquels nous dérivons et comme espèce et comme individus, et dans lesquels, en conséquence, nous trouvons l'origine première de tout notre être physiologique, psychologique et sociologique.

Mais les premières différences commencent vite, et à partir des basses régions du sens. La lumière, joie suprême de tant d'animaux, de tous les diurnes, blesse la chouette et la chauve-souris, et tue le protée des cavernes; la mouche vomitoire, la hyène, le vautour, le corbeau, doivent sans aucun doute se délecter à l'horrible puanteur des charognes en putréfaction; et sir John Lubbock observe, avec profondeur, que l'on trouve éparses et répandues par toute l'échelle animale plusieurs douzaines d'organes problématiques et mystérieux de sens, aussi différents des nôtres que l'oreille est différente de l'œil, et qui donnent vraisemblablement à ces êtres-là des images tout à fait étrangères à notre monde mental, sensations que l'homme ignorera peut-être éternellement. Quelle esthétique neuve et différente de nos concepts, dans ce monde obscur, dans ce bourdonnement de vies dont nous connaissons à peine les plus superficielles apparences!

23. — A mesure, cependant, que l'esthétique comparée se circonscrit à un champ plus limité, les diffé-

rences se font moindres et le consensus aux mêmes
goûts devient plus large. En nous en tenant à la sphère
du genre humain, nous trouvons communs à tous les
hommes les principes fondamentaux du beau, au moins
sensoriel ; l'abîme qu'il nous semble découvrir entre la
Vénus noire hottentote et la Vénus blanche de Médicis
n'est qu'un étroit sillon, en comparaison de celui qui
s'ouvre béant entre ces deux Vénus humaines et
l'ignoble crapaude qui, observe finement Voltaire,
représente certainement pour le crapaud le *nec plus
ultra* de la beauté.

Il est très certain, toutefois, qu'un sauvage, en
général, sent bien autrement qu'un homme civilisé ; il
sent mieux, en un certain sens, c'est-à-dire qu'il per-
çoit plus vivement, plus nettement, les formes, les
couleurs et tous les caractères physiques des choses,
et que sa mémoire réunit souvent l'évidence et l'intensité d'une vraie hallucination ; mais précisément pour
cela, il ne va habituellement que bien peu au delà de
l'image et de l'impression immédiate.

Au contraire, pour un homme de race un peu supérieure (et cela est démontré par l'art entier et la vie
poétique et mélancolique des peuples semi-barbares,
placés en dehors des grandes voies de la civilisation et
du progrès), le monde extérieur a perdu quelque chose
de la clarté et de la vivacité kaléidoscopiques de couleurs, de formes, qui constituaient presque l'unique
joie esthétique du sauvage ; mais son âme s'est, en
compensation, dilatée et élevée à en recevoir de nouvelles et plus intimes vibrations, à le sentir plus humai-

nement et personnellement, à se l'assimiler, en le transformant en éléments plus homogènes, et, conséquemment, plus personnels, du caractère; d'où, dans ce champ du sentiment, une différence beaucoup plus grande entre le goût d'une race et celui d'une autre.

Mais, dans les races élevées, on commence à sentir le monde extérieur encore plus diversement : non plus seulement dans son relief objectif saillant et colorié, non plus — ou beaucoup moins qu'auparavant — dans ses aspects secondaires et sentimentaux; mais réduit à une série d'autant plus riche d'abstractions résumées, que chacune d'elles réclame d'autant moins d'espace, par leur ténuité immatérielle même, pour s'imprimer sur la merveilleuse trame de notre « moi » cérébral; de sorte qu'ici aussi croît encore la divergence ethnique du sens esthétique intellectuel.

Nulle race encore, au stade actuel de l'évolution psychique humaine, ne sent plus hautement que cela dans ses grandes moyennes; nulle encore n'est dans son ensemble l' « *animal metaphysicum* » de Schopenhauer, l'*Uebermensch* de Nietzsche, pour lequel le monde sera une vision et les choses belles un simple symbole de la beauté idéale, telle que chaque race la concevra librement à sa façon. A ce degré cependant arrivent déjà les élus d'entre nous, Européens d'aujourd'hui; et ceux-ci représentent certainement l'humanité des temps futurs.

Mais, même dans les limites d'une seule race, — prenons la race blanche, — chaque peuple a son goût spécial. Nous autres Gréco-Latins, nous autres méridio-

naux, qui vivons le long de la bleue Méditerranée,
nous sommes un peuple classique et musical qui ne
peut se passer de la forme, de la couleur, du son, et
pour lequel l'idée muette et incorporelle n'a ni valeur
ni sens. Chez nous, qui sommes affinés par tant de siècles de vie civique et d'expérience pratique, jamais
ne poussera le goût ingénu et philistin, un peu pédant
et un peu puéril, qui est si caractéristique des bons
peuples du Nord.

24. — En outre, dans le cours des siècles et des
millénaires de son histoire, le goût d'un peuple se
dégrossit, s'affine, évolue, se transforme, atteint son
sommet, puis se trouble, s'obscurcit, se gâte, se cor-
rompt, s'épuise, déchoit, retourne enfin insensiblement
à la barbarie primitive, de laquelle, tôt ou tard, recom-
mence ensuite une nouvelle évolution. Cette évolution
répète dans le temps ce que nous avons tout à l'heure
noté dans l'espace, en parlant de races inférieures,
moyennes, supérieures : parce que ces dernières sont,
elles aussi, passées par les phases précédentes, comme
les premières peuvent, étant données certaines circonstances de milieu, s'acheminer vers les phases
successives, et, dans le cours des temps, s'élever et
s'ennoblir. C'est ainsi que, tout en manquant de documents objectifs, nous pouvons souvent refaire l'histoire
esthétique d'une race ou d'un peuple, parce qu'il nous
est permis de compléter les notions qui nous font
défaut, en nous aidant de l'analogie (qui pourtant n'est
certainement pas identité) entre l'état psychologique
de nos sauvages d'aujourd'hui, de nos demi-barbares,

de nos demi-civilisés, et celui dans lequel nous nous trouvions nous-mêmes dans la préhistoire, à la première aurore de la civilisation, dans la pleine fleur de notre jeunesse sociologique, arrivée désormais à complète maturité et peut-être très proche d'atteindre sa cime la plus haute.

Les peuples primitifs voyaient certainement d'une façon beaucoup plus intense, du moment que tout leur art est forme, dessin, relief très nets, clairs, saillants, d'extrême évidence vériste ; mais ils voyaient aussi d'une façon beaucoup moins large et moins profonde. Ils n'avaient d'autre sens pour le beau que la vue et l'ouïe, et il n'est presque jamais question, dans leurs poèmes, d'odeurs, de saveurs, de tiédeurs ; les sons et les teintes aussi étaient chez eux excessivement pauvres, nets, tranchés, sans nuances, sans transitions. Le goût du beau sentimental, intellectuel, idéal, n'appartient qu'aux civilisations quelque peu, suffisamment, ou très avancées. L'art grec tout entier, y compris la poésie lyrique, y compris le théâtre, aurait été insipide ou odieux pour les exigences d'un temps où le besoin d'émotions, la soif du vrai, l'aspiration au divin, eussent été mûrs et profonds comme aujourd'hui ; et cela est si vrai, qu'actuellement les érudits seuls, les esthètes, les raffinés, goûtent encore avec intensité ces beautés souveraines, mais presque purement et froidement sensorielles.

25. — Chez un même peuple non plus, ni dans une même période de son évolution historique, toutes les classes sociales ne procèdent pas sur une même ligne.

Tandis que les unes s'élancent hardiment dans l'avenir, anticipant et préparant un développement ultérieur, d'autres les suivent lentement et rétivement, d'autres encore semblent pour ainsi dire s'arrêter fatiguées et impuissantes. Un paysan ou un manœuvre verront difficilement dans le train en marche autre chose qu'une grosse machine miroitant de métaux, lançant des panaches de fumée et des sifflements aigus, et dévorant l'espace avec un énorme fracas et une vertigineuse rapidité : beau purement et simplement sensoriel. Mais, pour la petite bourgeoise sentimentale et poétique, pour l'employé ballotté sans trève ni repos d'un bout à l'autre du pays, « ce mastodonte de fer qui se nourrit d'eau et de charbon » est tout autre : il est l'objet auquel se rattachent tant de chers et tristes souvenirs de départs et d'arrivées, de fêtes et de pleurs, d'amours et de douleurs; ceux-ci l'aiment et le craignent, l'horrible monstre, et, pour eux, la beauté de ce géant dompté est avant tout une beauté sentimentale. L'ingénieur-mécanicien, au contraire, le mathématicien, le physicien, le savant de profession le sentent, eux aussi, fugitivement dans son beau plastique et affectif, mais passent outre, et ils l'admirent surtout pour l'étonnante coordination de ses rouages compliqués, pour les rapports mathématiquement calculés de chaque donnée théorique et de chaque élément pratique, pour l'adaptation admirable de tant de moyens solidaires en vue d'un but unique; et, pour eux, la locomotive est avant tout belle intellectuellement. Mais pour le poète, pour le philosophe, pour le penseur, qui sentent et comprennent aussi tout ce que les précédents ont senti et compris, pour ceux-ci qui vivent d'une vie encore plus haute et spirituelle, elle est en outre quelque chose de plus : elle est la source d'une suprême jouissance idéale, refusée aux esprits vulgaires. Pour eux palpite et frémit, dans ses flancs métalliques, quelque chose de plus que la vapeur, et quelque chose de mieux qu'un lumignon resplendit dans ses yeux de braise tout grands ouverts dans les ténèbres. *Mens agitat molem.* C'est le génie du siècle, c'est l'âme du progrès, c'est l'esprit de l'humanité haletante vers l'avenir, que le robuste ouvrier a enfoncés à coups de maillet dans les membres de son colosse.

Puis, dans chaque classe sociale, certaines familles déterminées, par d'heureuses combinaisons héréditaires ou par accumulation d'effets dus à leurs conditions particulières, sont douées d'un goût plus raffiné et plus complet. Le mécénatisme, le vrai et sage mécénatisme des seigneurs-nés, n'est qu'un amour passionné du beau et de l'art, que l'histoire nous montre très souvent héréditaire, tout comme les richesses, le blason ou le pouvoir.

26. — Les deux sexes ont des goûts divers, et non seulement dans le jugement de la beauté de l'autre sexe, complémentaire de celle de chacun d'eux, ce qui se comprend *à priori*, mais aussi en matière de choses qui n'ont rien à faire directement avec le sexe. La femme est en effet sinon véritablement un arrêt de développement de l'homme, du moins certainement un être qui lui est physiologiquement, et, par là, psycholo-

giquement inférieur; lorsqu'une femme n'a pas quelque
chose d'enfantin dans le visage, dans les actes, dans les
sentiments, dans les pensées, et, par suite, quelque
chose de débile, d'ingénu, de primitif, d'incomplet,
elle n'est plus une femme mais un homme, ou, du
moins, un être neutre et indifférent qui ne conserve
pour ainsi dire plus de la femme que les vêtements. Les
récentes recherches esthésiométriques ont démontré
mathématiquement sa plus faible sensibilité pour tous
les sens, par rapport à l'homme, et l'enfantinité de ses
goûts; ainsi, par exemple, les saveurs qui lui plaisent
le plus sont celles qui plaisent le plus aux enfants. Les
sentiments chez la femme paraissent plus chauds,
tandis qu'ils ne sont que plus explosifs, plus en vue,
précisément parce qu'ils sont plus superficiels et moins
durables; et ils dépassent peu, du reste, le niveau inférieur des impressions plus immédiatement connexes
aux fonctions de nutrition et de reproduction. Elle ne
s'intéresse certainement pas beaucoup au beau et à
l'art de la patrie, de la civilisation, de l'humanité; mais
elle se passionne seulement, ou à peu près, pour les
parfums, les fleurs, les modes, les bagatelles, les fables
d'imagination, pour l'art auquel servent de base les
épisodes, seuls intéressants à ses yeux, qui mettent en
scène l'amour, la jalousie, la maternité, la famille. Le
beau de la science lui échappe; le roman expérimental
l'ennuie; au théâtre, quand Cupidon n'est pas protago-
niste, elle bâille. Sa religion même, presque toujours,
n'est qu'un fétichisme idolâtre dont l'icône, la statue
peinte, la poupée enjolivée, plus qu'images sensibles de

déités spirituelles, sont elles-mêmes les divinités toutes-puissantes, ou représentent au plus des êtres immaté-riels mais spirituellement anthropomorphes, doués simplement à un degré plus élevé de ses propres senti-ments, de ses propres passions, et dont l'unique fonc-tion d'ailleurs est de la défendre et de la secourir dans ses frayeurs et dans ses faiblesses.

Chaque individu répète dans son développement propre, comme en une rapide récapitulation, en esthé-tique aussi bien qu'en physiologie et en psychologie, le développement de l'espèce : d'où il advient que l'enfant a à peu près les goûts de l'homme primitif, du sau-vage, du vulgaire; que l'adolescent, le jeune homme, l'adulte, le vieillard, l'être décrépit, sentent comme sent toute une race en une phase correspondante de progrès ou de décadence. L'enfant n'est frappé d'abord que par le beau physique simple et grossier, par les plaisirs de la vue, de l'ouïe, du goût, par le tintamarre joyeux, par les lumières et les couleurs éclatantes, par les bonbons sucrés et miellés, toutes choses qui choqueraient, aveugleraient et dégoûte-raient l'adulte civilisé et cultivé; la mer, la montagne, le ciel le frappent très peu, pas plus qu'ils ne touchent l'homme grossier et de race inférieure. Mais plus tard se développent en lui ces caractères héréditaires qui, dans l'espèce aussi, ont apparu postérieurement, et son esthétique commence à s'élever et à se colorer dans le sentiment; c'est alors que le roman intéressant, la poésie lyrique passionnée, le drame émouvant, forment sa pâture de prédilection. Arrivé à l'âge plus mûr, il

sentira le besoin de quelque chose d'encore plus sub-
stantiel et recherchera, tant dans le monde que dans
l'art, les formes du beau qui font penser, et il voudra,
lui aussi, la psychologie, l'histoire, la société, le vrai,
dans les livres et sur la scène, dans les tableaux, dans
les monuments et jusque dans la musique, à moins que,
plus tard encore, avant que commence à se dessiner
la courbe rapide de la parabole descendante, il n'aime
pas à s'élancer d'un essor plus élevé dans les espaces
de l'absolu et de l'infini. Ensuite, un peu plus tôt ou
un peu plus tard, le déclin arrive, et « à ses yeux fatigués le monde se ternit ». Darwin lui-même déplore,
dans les dernières années de sa vie pourtant si mer-
veilleusement féconde encore sur le terrain scientifique,
l'affaiblissement du goût esthétique, d'abord si vivace
en lui : Shakespeare l'ennuie, ses poètes préférés d'autrefois lui paraissent insipides, la musique n'exalte plus
en lui que le penser, et les romans seuls (sans doute plus
par leur substance que par leur forme) réussissent encore
à l'intéresser vivement comme dans ses années meilleures.

27. — A tous les facteurs internes héréditaires de
l'impression énumérés jusqu'ici, il faut maintenant
ajouter tous ces autres, également internes, acquis ou
innés, que l'on ne peut plus attribuer à l'hérédité
directe et immédiate, n'étant pas communs avec les
parents ni avec les compagnons d'âge, de sexe, d'éducation, de race, d'espèce, mais, au contraire, personnels, caractéristiques de l'individu, ou pour toute la vie
ou à des moments donnés, ou instinctivement ou par
action spontanée de sa volonté.

Les phénomènes dégénératifs et ataviques, les anomalies et les involutions rétrogrades tiennent précisément la voie du milieu et forment un passage naturel du groupe des facteurs dont nous avons parlé plus haut, à celui dont nous allons nous occuper.

De même que, dans le domaine anatomique, on peut très bien naître conformé d'une manière tout à fait normale, mais avec la peau couverte d'un poil épais à l'instar des singes, ou avec le cœur triloculaire à l'instar des serpents, ou avec la lèvre fendue à l'instar des léporides, tous caractères que la tératologie moderne démontre ataviques; ainsi l'anthropologie et la psychologie comparées et pathologiques ont démontré chez des personnes normales et même supérieures, et de beaucoup, à la moyenne, dans le domaine du sentiment et de l'intellect, l'idiotisme ou la folie esthétiques : caractères sans aucun doute ataviques, eux aussi, qui poussent un honnête homme à goûter la cendre ou le plâtras, à admirer ce qui est laid, monstrueux, rebutant pour tous les autres.

Très souvent, bien entendu, l'idiotisme ou la folie esthétique sont concomitants avec l'idiotisme et la folie moraux et intellectuels, ou avec une seule de ces formes dégénératives, et donnent un individu complètement ou à peu près barbarisé et abruti; qu'il suffise de rappeler à ce sujet les études originales et profondes de Lombroso et d'autres sur le goût des aliénés, des crétins, des criminels, des prostituées, qui exhument aux yeux du penseur une vraie et bien plus antique Pompéi psychologique, réveillée dans toute la plénitude de sa vie. Mais aussi, parfois, l'idiot ou le fou du beau peut être un génie du bien, un pionnier du vrai, un prophète et un apôtre de l'idéal. Cavour était tout à fait insensible au beau et à l'art; Humphrey Davy, l'un des quatre évangélistes de la chimie atomique, ne voyait dans la Vénus de Milo qu'un beau bloc de carbonate de calcium; Savonarole, en plein humanisme, combattait et prêchait, au nom de son Dieu rigide, contre le luxe, les pompes, le triomphe des sens, de la beauté et de la force, qui caractérisaient son temps.

28. — Chacun, en conséquence, même s'il est complètement normal, sent et juge le beau selon son tempérament individuel et selon la santé dont il jouit ou les maux qui le travaillent, les aliments, les boissons, les esthésiogènes qui, à un moment donné, agissent sur ses viscères, sur ses nerfs, sur son cerveau. Un lymphatique a certainement des goûts différents d'un séreux, comme un pléthorique a des goûts différents d'un bilieux; et l'un peut être beaucoup ou peu sensible au beau de toute nature, ou beaucoup à une forme de beau, et peu ou point du tout à une autre. Les Goncourt s'avouent complètement indifférents à la musique, et, avec eux, bien d'autres lettrés, esthètes et artistes, tels que Balzac, Théophile Gautier, Lamartine, Victor Hugo; et la riche villa de Rossini, à Passy, n'était qu'un grossier bazar de quincailleries coûteuses, assemblées sans l'ombre de discernement ni de goût.

Chacun a des dispositions spéciales à sentir le beau d'une ou d'autre façon, selon son caractère et son humeur sensoriels, puis sentimentaux, puis intellectuels, puis enfin idéaux.

L'œil le plus normal est aveugle pour les couleurs ultra-rouges et pour les ultra-violets, l'oreille la plus parfaite est sourde pour les notes plus profondes que seize vibrations, pour celles qui sont plus aiguës que trente-huit mille vibrations par seconde. Et que de beautés, au-dessus, au-dessous, pour qui verrait, pour qui sentirait au delà du commun! Et que de joies défendues, et combien de changées et d'ajoutées, en comparaison de celles que nous éprouvons, nous autres gens normaux, pour les disesthésiques, les paresthésiques, les synesthésiques, les hyperesthésiques, les anesthésiques!

A tout l'ensemble de ces exigences variées et vastes du sens il faut imputer l'exagération de l'école exclusivement sensiste, unilatérale et idolâtre, qui ne voit à peu près rien au delà de la forme et qui réduit toute l'esthétique à la physiologie et à la technique; de même que, chez ceux dont le caractère se déséquilibre par prépondérance du sentiment, le beau va se confondre avec le bon, avec le juste, avec l'utile, avec le passionnel, avec l'émouvant, et l'esthétique se réduit à devenir l'humble servante de l'éthique, ou plutôt à s'absorber, à se disperser en elle.

29. — Mais, même quand cela n'est pas et que l'on comprend bien que le beau réside avant tout dans l'impression sensorielle agréable, il reste toujours le fait que chacun goûte l'élément sentimental du beau, jamais négligeable, pour si subordonné qu'il soit, selon

les polarisations éthiques spéciales de son caractère
personnel.

De même que, parmi les hommes, les sentiments
sont beaucoup plus variés et changeants que les sens,
parce qu'ils sont plus récents, et, par suite, plus superficiels et moins enracinés, et que dans un même individu il y en a de toute sorte, même contradictoires, de
même le beau sentimental est, encore moins que le
beau sensoriel, sujet à des normes et à des critériums
communs et durables. Préoccupés du sentiment utilitaire, l'agriculteur trouve très beau un vaste fumier;
le sportsman, un long et maigre cheval de course;
le marchand de salaisons, un porc boursouflé que le
lard étouffe et paralyse; le campagnard, une paysanne
trapue au torse viril et aux bras robustes.

Nous tous, enfin, nous avons dans notre caractère
des sentiments altruistes et égoïstes, bons et mauvais :
des passions nobles et qui tendent vivement vers un
saint avenir, et des instincts ignobles qui survivent
d'un triste passé, et par suite desquels nous sommes en
perpétuelle contradiction avec nous-mêmes, d'aujour-
d'hui à demain, d'une heure à l'autre; par suite desquels nous voyons, à un moment, une fleur d'honnête
homme assister ravi et attentif à un procès honteux, et,
à un autre moment, fondre abondamment en larmes un
criminel récidiviste qui lit, dans sa cellule, une histoire
touchante d'héroïsme et d'abnégation.

En tout cas, et tant que le *pathos* n'obscurcit
pas l'image, le goût de celui qui sait la compléter
par l'émotion doit être tenu pour plus riche et plus

parfait que celui des purs et apathiques sensistes.

Condamnons, au contraire, ceux chez qui les éléments du caractère sont disproportionnés par l'exclusive et tyrannique prédominance de l'intellect, chez qui la logique envahit l'esthétique, chez qui la raison absorbe et enserre le goût dans ses spirales inflexibles. Ce sont ceux-là qui se scandalisent d'une erreur de perspective dans un tableau émouvant, d'un anachronisme dans un drame historique intéressant, d'un détail architectonique postérieur ajouté à un monument d'un siècle donné, alors même que ces choses-là n'offensent nullement la vue d'un homme de goût moins érudit. Mais, même en laissant de côté ces déviés, nous trouverons toujours, cependant, que chacun sentira le beau intellectuel à sa façon, plus encore qu'il ne fait pour le beau sensoriel et pour le beau sentimental ; c'est que la vie du penser est plus récente encore, dans l'espèce humaine, et, partant, encore plus facile à toute sorte d'oscillations, de changements, de variétés. Le vrai, que tous disent et croient absolu et universel, est la chose la plus relative et la plus particulière qui existe ; et, pour chacun, la « vérité vraie » est toujours et seulement la sienne. « Qu'est-ce que la vérité ? », demanda Pilate à Jésus, qui venait de lui dire qu'il était venu au monde pour la prêcher ; et on attend encore la réponse. La genèse mosaïque fut vraie en son temps et fut aussi, sans doute, sublimement belle pour ceux qui y crurent ; pour nous, aujourd'hui, c'est une fable puérile et absurde. Il en va pire encore de la vérité « belle ». Un philosophe, un penseur synthétique juge utiles, même nécessaires, mais certainement non belles, les recherches minutieuses, analytiques, empiriques, qui ne sont à ses yeux que des travaux d'échine, de subalternes, de copistes; tandis que l'on voit souvent des naturalistes et des collectionneurs, rats de bibliothèques et fouilleurs d'archives, déverser à pleines mains le ridicule et jusqu'au mépris sur tout ce qui sent même de loin le choix et la synthèse, l'abstraction et la généralité, et s'enthousiasmer pour un cristal anormal qui manquait dans leurs vitrines, pour une rareté bibliographique qu'un autre jetterait aux papiers inutiles.

Il est certain, cependant, que là où l'amour du vrai n'outrepasse pas ses justes confins et où le savant ne s'impose pas à l'esthète, on trouve les natures les plus choisies de gens de goût, par rapport à ceux qui ne jouissent du beau que par les sens, ou à ceux chez qui il n'atteint pas au delà des affects qu'il peut susciter en même temps que les images.

Affirmer, comme font d'autres, que le beau de ce monde n'est qu'un rayon de la beauté divine, et ne reconnaître pour beau que ce qui nous extasie dans l'idéal et nous comble de joie dans la vision de l'infini, c'est là une autre et dernière aberration, une autre et dernière violence faite à l'esthétique par une branche étrangère de la psychologie, — la métaphysique. L'esthétique éclairée et compréhensive doit repousser cette violence, mais elle ne doit pas, comme le font d'autres non moins illégitimement exclusifs, refuser au beau idéal sa place, qui est la place d'honneur, non certainement la plus importante, mais à coup sûr la

plus haute parmi les beautés que le monde offre au
regard enchanté de l'homme. Nous assignerions, en un
mot, au temple du goût, le rang suprême à ces heureux, ascètes et prophètes du beau, qui, illuminés par
un rayon intérieur merveilleux, arrivent à découvrir
dans les lignes, dans les couleurs, dans les sons, comme
dans les impressions, dans les passions, dans les
enthousiasmes, comme dans les concepts, dans les idées,
dans les pensers, limités, finis, concrets, les symboles
fantastiques, les éléments dispersés d'autres beautés
plus parfaites, infinies, absolues, surhumaines.

CHAPITRE IV

LES FACTEURS EXTRINSÈQUES

30. — Nous voici à l'action du milieu sur le goût,
cette partie de l'esthétique si splendidement traitée par
Taine dans sa *Philosophie de l'Art*. Le milieu dans
sa vaste et complexe totalité est, en fait, ce qui, nous
imposant la continuelle perception de certaines formes
déterminées de beauté, nous y habitue au point d'établir pour elles au dedans de nous une espèce de polari-
sation cérébrale : phénomène bien connu des psychia-
tres, par lequel une impression soudaine de forme très
diverse et hétérogène ne peut qu'être désagréable et se
faire taxer de laide, et mettre en une agitation violente
et répulsive l'aiguille aimantée de notre goût.

La néophobie des enfants, des sauvages, des gens non cultivés, de tous les esprits limités et chétifs; des habitants des tristes pays à l'aspect et au climat uniformes et des vastes plaines monotones dans les continents lointains isolés; des êtres confinés dans de petits centres situés en dehors de la grande vie mondaine et fermés au commerce varié et multiforme des cités internationales, — cette néophobie nous en donne une idée juste et précise et une preuve extrêmement éloquente.

Mais à ce misonéisme inerte s'oppose le besoin du nouveau, déterminé par le fait que les vieilles images, comme des photographies longuement exposées à la lumière, perdent tôt ou tard toute leur vivacité, tout leur relief, toute leur splendeur; elles jaunissent, s'exfument, deviennent confuses, pâles, insignifiantes, monotones; puis, parce que, autour de nous, tout continuellement se change, se renouvelle, se transforme, s'alterne, nous rendant ainsi habituel aussi le changement, et d'autant plus que, en changeant de climats, de pays, d'occupations, de relations, nous accroissons et accélérons les causes et les énergies modificatrices. La vie est action, et l'action est évolution; chaque élément du caractère, à la longue, se fatigue, s'épuise, devient sourd et muet à l'insistance perpétuelle d'une seule et même excitation, et nous voulons qu'il se repose; tandis qu'un autre, vierge encore, ou régénéré par un long calme restaurateur, saturé de forces et porté à une tension vibrante, est prompt à sentir dans toute sa fraîche énergie une excitation neuve, et à en irradier largement les effets sur tout le territoire psychique environnant.

4.

A ces conditions, à savoir que l'on soit rassasié du beau habituel et que le nouveau ne le détruise pas soudainement, mais par lente substitution, évitant chocs, secousses et frottements toujours fatigants, et, par là, désagréables ; c'est-à-dire, et mieux encore, que, sans le détruire, il le complète et le développe, le déplaçant et le rafraîchissant, le variant et l'enrichissant de formes jeunes et de couleurs gaies ainsi que de reliefs nets, comme il arrive à celui qui fait tourner entre ses doigts, devant l'œil enchanté, un kaléidoscope ; — à ces conditions, nous accueillons toujours avec joie les impressions neuves, nous revoyons avec bonheur le printemps après l'hiver et l'automne après l'été, le beau temps après la neige et la pluie après la sécheresse, et même la guerre après la paix, et, à la suite de l'idylle, la furie des passions.

31. — On arrive de cette manière à établir aussi en esthétique la loi du choix naturel, qui entraîne avec soi celle de l'adaptation. Quand une chose qui a été belle en d'autres temps, parce qu'elle était adaptée au milieu psychique, ne l'est plus maintenant parce qu'elle est devenue incompatible avec notre nouvelle vie interne et externe, elle est esthétiquement morte et raidie ; et plus le temps s'écoule, plus elle se fossilise et s'éloigne de nous, sous les couches profondes des nouvelles expériences qu'on superpose et qu'on cimente au-dessus d'elle. Et ce sont sans aucun doute des fossiles esthétiques pour nous, l'enflure rhétoricienne seicentiste, la poudre et les bêlements d'Arcadie, les clairs de lune et les blondes châtelaines romantiques, les héroïques rugis-

sements de 1848, et jusqu'à la récente ondée de vulgaire pornographie pseudo-vériste, toutes choses qui, chacune à son époque, furent cependant les formes triomphatrices et conquérantes du goût et de l'art.

Certaines autres formes, au contraire, subissent, de même que maints *organismes végétaux et animaux*, le phénomène de la réviviscence. Comme le grain de blé qui, enfermé en une urne et enseveli pendant quarante siècles dans la crypte d'une pyramide, à peine revenu à la lumière du soleil et jeté dans un terrain fécond, s'éveille, se gonfle, germe, croît, fleurit et fructifie, ainsi, par exemple, le goût et l'art païens, après le long et sombre hiver du moyen âge, éveillés d'un retour spontané de l'esprit humain à l'antique manière de sentir, avivés par un souffle chaud de printemps spirituel et corporel, produisirent, à la Renaissance, cette flore splendide dont, tous, nous avons tiré notre nourriture vitale et une inspiration inépuisable. Et encore aujourd'hui, si nous étudions avec une suffisante préparation la vie et la production de nos ancêtres hellènes et de nos pères latins et celles des siècles d'or de la littérature et de l'art néo-latins, nous sentons couler, dans le tronc sacré dont nous sommes les derniers rameaux, la vieille lymphe immortelle; nous devinons, dans le bouillonnement de la sève dense et nourrie, l'énorme vie atténuée ou suspendue pendant un entier millénaire, mais jamais complètement éteinte; et nous voyons germer, de la vaste souche érudite greffée de jeunes branches et rafraîchie de sucs nouveaux, des frondaisons superbes, et s'épanouir des fleurs joyeuses de juvénile et toute récente beauté.

32. — Ce que je dis de l'antique, on peut le répéter, à peu près, du lointain. Le goût a ses migrations et ses diffusions spontanées, ses importations et ses exportations artificielles, ses acclimatations dans les serres académiques et dans l'air libre populaire. Le goût latin, par exemple, ne s'est-il pas formé par la conquête spirituelle que la Grèce fit de ses conquérants latins? Et, plus tard, n'en advint-il pas de même pour les Barbares descendus d'au delà des Alpes en Italie? Et les Byzantins, plus tard encore, n'imposèrent-ils pas leur goût à l'Europe, et les Arabes à tous les peuples de la Méditerranée? L'Italie à la Renaissance, l'Espagne au xvii° siècle, la France au xviii°, n'eurent-elles pas l'hégémonie du goût en Europe? L'histoire de l'art est pleine de grands et petits exemples d'éducation ou de corruption, d'extension ou de limitation du goût d'un peuple entier par le fait d'artistes, de critiques et d'érudits appelés ou imposés du dehors pour peindre, bâtir, enseigner, vulgariser : œuvre vaine et factice là où le milieu y répugne, heureuse et profitable là où les esprits sont mûrs à accepter les nouvelles impressions et les nouvelles théories.

Quelles suggestions, quelle éducation esthétique ne recevons-nous pas, nous tous, lentement, inconsciemment, du monde artificiel dans lequel nous vivons, monde continuellement renouvelé par l'industrie locale progressante et par le commerce avec les pays les plus lointains! Le luxe, les fêtes, la richesse, la mode, les

théâtres, les expositions, les jardins, les grandes voies,
les palais, les galeries, les musées, les monuments, les
vitrines scintillantes de joyaux, riantes d'étoffes, égayées
de bijoux beaux et précieux, d'argenteries, de céramiques, de petits objets d'art; les progrès mécaniques et
techniques des industries artistiques, la gravure, la litho-
graphie, l'imprimerie, la photographie, la phototypie,
l'oléographie, la galvanoplastie, la métallurgie, la
chimie, qui rendent accessibles aux plus modestes for-
tunes et aux villages les plus reculés les joies du beau
et de l'art; les livres, les tableaux, les statues, les
temples, les palais royaux, les chefs-d'œuvre antiques
et lointains, les reproductions et les imitations des
bronzes et des céramiques classiques, des brocarts et
des dentelles, des tapisseries et des meubles; tout ce
spectacle varié et changeant, toute cette richesse
devenue désormais patrimoine commun, élargissent
immensément dans l'espace et dans le temps, transforment et affinent constamment notre goût, et nous imposent fatalement celui d'autrui.

Ainsi, lorsque le goût, longuement et libéralement
cultivé dans le peuple, devient un caractère essentiel
et profond de son âme, et le beau un besoin absolu et
continuel de sa vie, alors c'est un véritable culte que
celui qu'il lui voue, et tout critique inspiré devient
pour lui un évangéliste, tout artiste de génie un pontife.
Alors la beauté et la force corporelles et spirituelles
sont une gloire indiscutée; alors l'Aréopage décrète
l'avortement d'Aspasie, pour que la grossesse ne vienne
pas altérer ses formes divines; alors un François de

Médicis ne parle à Michel-Ange que la tête découverte, et un Jules III le fait asseoir auprès de lui, tandis qu'une troupe de cardinaux reste debout; alors Charles-Quint ramasse le pinceau échappé de la main du Titien; alors Paul II offre aux Toulousains de leur construire un pont en échange d'un camée rare.

33. — Le milieu physique est aussi un grand facteur du goût. On sent bien autrement à la lumière du soleil ou à celle de la lune, dans la pénombre du crépuscule ou sous la lueur des étoiles, dans l'obscurité nocturne de la campagne ou à l'éclat violet des lampes électriques; lorsque souffle la bise sereine, ou que se déchaîne le nébuleux sirocco; tandis que les éclairs flamboient à l'horizon dans la chaleur étouffante de l'été, ou que l'on aspire encore dans l'air piquant l'odeur argileuse de l'averse pluvieuse. Bien différents doivent être les goûts des Provençaux, des Siciliens, des Andalous, des Hellènes, des Arabes, avec leurs cieux éclatants, leurs mers azurées, leurs montagnes et leurs forêts nettement profilées en vert et en brun dans la gloire du soleil, de ceux des Suédois, des Poméraniens, des Norvégiens, des Sibériens, des Esquimaux, sous les nuages noirs, le long des grands fleuves livides, sur les plages grises et sombres. Les Européens des colonies contractent en peu de générations, et même en une seule, des goûts tout à fait divers : en Amérique comme en Australie, en Afrique comme aux Indes, en Laponie comme au Japon, on finit par s'adapter au milieu, par contracter les goûts locaux, par éprouver, lorsqu'on s'en retourne après

beaucoup d'années, la nostalgie de ces cieux, de ces lumières, de ces vents, le désir de ces plantes, de ces animaux, de ces nourritures, le regret de ces mœurs, de ces types, de ces femmes; et déjà notre art reflète mélancoliquement dans ses vers et dans ses toiles, dans ses marbres et dans ses sons, des souvenirs tristes de terres lointaines, des formes étranges de vivants inconnus, des élégies passionnées de peuples vierges, des amours exotiques de jeunes filles jaunes *ou noires*.

34. — Le milieu moral, lui aussi, s'impose à nous et enlace notre goût dans ses mille spirales invisibles.

Dans le court et malheureux délire patriotique de 1848, l'âme italienne était devenue absolument monocorde. Pendant longtemps on n'applaudit que les vers tricolores, la musique guerrière, le drame à base de barbares et de tyrans égorgés et taillés en pièces; chaque fanfaronnade rhétoricienne la plus vulgaire, chaque déclamation anti-autrichienne la plus banale, la plus chancie, la plus injuste, la plus invraisemblable, la plus maussade, suscitaient des enthousiasmes et des fanatismes fous. Délire *moralement* sublime, mais que l'on ne saurait trop condamner esthétiquement, étant certainement tout aussi dépourvu de valeur, à ce point de vue, que les applaudissements ou les sifflets prodigués à une œuvre d'art seulement parce que l'auteur est républicain ou monarchiste, clérical ou socialiste, riche et puissant *ou* pauvre et assujetti, excommunié par la censure ou, suivant le mot de Giusti, « cher à l'étable et au chef du troupeau ».

Dans un état d'âme déprimant, d'autre part, les peuples tout aussi bien que les individus sentent s'amoindrir ou même disparaître complètement le sens du beau; et après une guerre malheureuse, une peste, une famine, un désastre national grave et irréparable, les arts tombent d'ordinaire en décadence par suite du manque d'amateurs. De même, dans des temps difficiles et affairés comme les nôtres, ils doivent se transformer et se condenser, sous peine d'élimination; vivant d'une vie intense et hâtive, il ne nous reste que de courts moments à donner aux distractions; et, dans celles-ci, nous voulons nous nourrir d'extraits et de synthèses, riches de beaucoup de substance sous un volume réduit, et ayant le pouvoir de nous faire goûter autant d'art qu'en goûtaient nos bisaïeux en de longues heures paisibles.

Quant à la science, il n'est pas vrai qu'elle soit ennemie du beau et de l'art; mais il est vrai qu'elle impose à l'un et à l'autre ses propres exigences, en avançant et en conquérant les esprits. L'archéologie et l'ethnographie en progrès ont banni aujourd'hui du plancher scénique les Hamlet en costume du xv° siècle et les Othello couleur chocolat, et imposent à l'art ecclésiastique lui-même des madones vraiment juives et des rois mages réellement orientaux; dans le roman historique nous exigeons tout de bon l'histoire scientifique, et non fantastique; et, dans le roman intime, la psychologie, telle que l'expérience et l'analyse la refont, indépendamment des dogmes spiritualistes.

Enfin, des facteurs non moins importants du goût sont la philosophie, la métaphysique, la religion, en

un mot les suprêmes idéals dominant l'esprit public.
On a beau vouloir et pouvoir être un penseur solitaire
et indépendant, on échappe difficilement aux mille
suggestions puissantes et envahissantes de la foule.

Comparez la religion païenne des Grecs et la religion
catholique des Latins de la Renaissance avec le mysticisme sombre et desséché du moyen âge et le froid et
incolore christianisme réformé ; et, parallèlement, le
goût, — et l'art qui le reflète, — des peuples et des
temps correspondants, et vous verrez le rapport intuitif
de cause et d'effet qui les unit. D'un côté, la hiérarchie des divinités et des saints formée à l'imitation de
notre hiérarchie sociale, composée d'êtres presque
matériels, humains, finis, pleins de passions et de riva-
lités, qui s'intéressent vivement aux choses de ce
monde, y combattent, y sont amoureux comme les
hommes, et simplement plus grands, plus forts, plus
beaux qu'eux ; de même que Jupiter, que Minerve, que
Vénus, que Mars, ainsi le Père Éternel, le Saint Esprit,
la Sainte Vierge, les Archanges, ne dédaignent pas non
plus l' « avantage caduc » de la beauté, ni la « brutale
supériorité » de la force, ni les « vains ornements »
de l'esprit et du savoir ; Marie personnifie le doux
poème de la maternité, Jésus enfant discute avec les
docteurs, Michel descend sur la terre, armé de la cui-
rasse et de l'épée, pour combattre avec les mortels ;
un panthéisme joyeusement matérialiste dans lequel on
ne pense qu'à goûter la vie dans toutes ses énergies
multiformes, en attendant avec sincérité et sans vaines
terreurs la mort, qui la transformera sans la détruire ;

d'où santé et gaieté, fêtes et processions, pompes et
banquets, jeux et bacchanales, trésors d'art et d'ap-
parat répandus à foison en pleine lumière du soleil
dans les temples et dans le culte. De l'autre côté, un
Dieu unique, omnipotent, cruel, inconnaissable, étranger à la nature et au monde, lointain, infini, éternel
comme les peines dont il menace les hommes et comme
les joies qu'il leur promet; une longue ère de terreurs,
de magies, d'hallucinations et d'abrutissement dans
l'attente sinistre et déprimante de la mort, dans la
vision terrifiante des abîmes embrasés et des gouffres
ténébreux de l'au delà; ou même, à présent, une religion philosophique et métaphysique, éthique et logique,
sans sensations et sans visions, qui se réduit au commentaire d'un livre et à la sanction d'un système
moral : de là, dans le premier cas, la perversion et la
pétrification du goût et de l'art; dans le second, l'indif-
férence et l'inertie, le divorce définitif de la religion
d'avec l'esthétique.

35. — Il est temps, maintenant, que nous tirions
une conclusion de toute cette première partie de notre
étude sur le beau. Or, cette conclusion ne peut être que
celle-ci : à savoir que toute notre impression, qu'elle
vienne de la nature ou qu'elle soit due à une œuvre
d'art, est la résultante de très nombreux facteurs
divers : héréditaires, personnels, de milieu; que chez
les individus pris en particulier et aux différents moments, ces divers facteurs se superposent, s'imposent,
s'opposent de façon que, assez souvent, et même le
plus souvent, nous n'avons conscience que d'un seul ou

d'un petit nombre d'entre eux, et jugeons en conséquence étroitement, partialement, empiriquement, du
beau et du laid ; tant il est vrai que les goûts diffèrent
d'autant moins sur un objet, que l'objet même est plus
simple ; et que les jugements des divers sujets sont
d'autant moins divergents, que ceux-ci sont moins
préoccupés de préconceptions de technique, de morale,
de théorie, de métaphysique. Il en résulte que nous
trouverons les jugements les plus justes dans les plus
larges majorités dépositaires du sens commun, parce
que là les divergences individuelles se seront éliminées
réciproquement, en se fondant dans le grand creuset
de l'impression collective ; et dans les minorités les
plus éclairées, auxquelles appartient le vrai bon sens,
parce que celles-ci verront les choses d'une si grande
hauteur, qu'elles en percevront plus nettement l'ensemble, et en réuniront d'un seul regard synthétique
tous les éléments particuliers.

Un jugement aura donc d'autant plus de raison de
prévaloir, d'autant plus d'autorité, d'autant plus de
probabilité d'être juste et définitif, que l'esprit dans
lequel il se forme est plus avancé dans l'évolution
humaine, plus riche en affinités psychologiques ; de
sorte que, dans toute divergence de goûts entre un
animal inférieur et un animal supérieur, entre un
homme de l'âge de pierre et un homme de l'âge de
l'aluminium, entre un sauvage et un parisien, entre un
enfant et un adulte, entre un bouvier et un esthète,
entre un individu maladif et un individu sain, entre un
criminel et un philanthrope, entre un imbécile et un

sage, entre un automate qui végète et une âme qui songe, entre un adorateur borné des vieux fétiches et un esprit ouvert à tous les libres vents du beau, nous proclamons sans hésiter plus compétent, chacun dans son propre domaine, le second de ces individus; et d'autant plus, qu'il personnifie mieux la psyché collective de ses propres congénères.

36. — Ceci posé, les hiérarchies naturelles du beau et du goût émergent par leur propre force comme une conséquence de tout ce qui a été dit jusqu'ici. Une chose sera d'autant plus belle, pour quiconque veut un peu méditer et mûrir sa propre impression, qu'elle saura donner une jouissance plus intense, et que l'excitation pourra atteindre des cimes plus élevées, d'abord dans le sens, puis dans le sentiment, dans l'intellect, dans l'idéalité; plus elle éveillera dans chacune des zones toujours plus hautes, d'images, d'affects, de pensers, de visions, et y imprimera de traces plus profondes et plus durables; plus enfin elle fera participer de monde à ses joies dans l'extension de l'espace, dans la suite des temps.

D'ailleurs, le goût tend de plus en plus à s'unifier et l'art à se faire cosmopolite. Chaque déviation sera expliquée et guérie, ou signalée et condamnée par les recherches psychiatriques; la civilisation s'assimilera tous les peuples assimilables et fera disparaître les autres; la facilité et la rapidité des communications et des échanges, toujours plus grande, nous habituera à tous les pays, à tous les climats, à tous les usages, à toutes les idées, à toutes les croyances; nos sens et

notre esprit s'élargiront en des horizons toujours nouveaux et plus vastes; le croisement et l'unification des
races et des peuples fonderont peu à peu et nivelleront
toutes les tendances et toutes les aptitudes héréditaires;
la science se répandra grande et bienfaisante dans
toutes les demeures, brillera dans tous les esprits,
élèvera si haut tous les goûts, qu'elle supprimera à
jamais tout préjugé sordide et mesquin de clocher,
de caste, d'école, d'académie, de mode, de temps; les
sérieuses recherches historiques évoqueront à nouveau,
jeunes et vives, les antiques beautés, et la théorie de
l'évolution nous fera pressentir et goûter par avance les
beautés futures.

DEUXIÈME PARTIE

LA PSYCHOLOGIE DE L'ART

> « Dans notre époque, où les anciennes croyances, qu'on les regrette ou non, s'en vont à la dérive, peut-être faudrait-il réserver une place d'honneur et un asile respecté à l'art, la dernière des religions humaines ».
>
> BERNARD PEREZ.

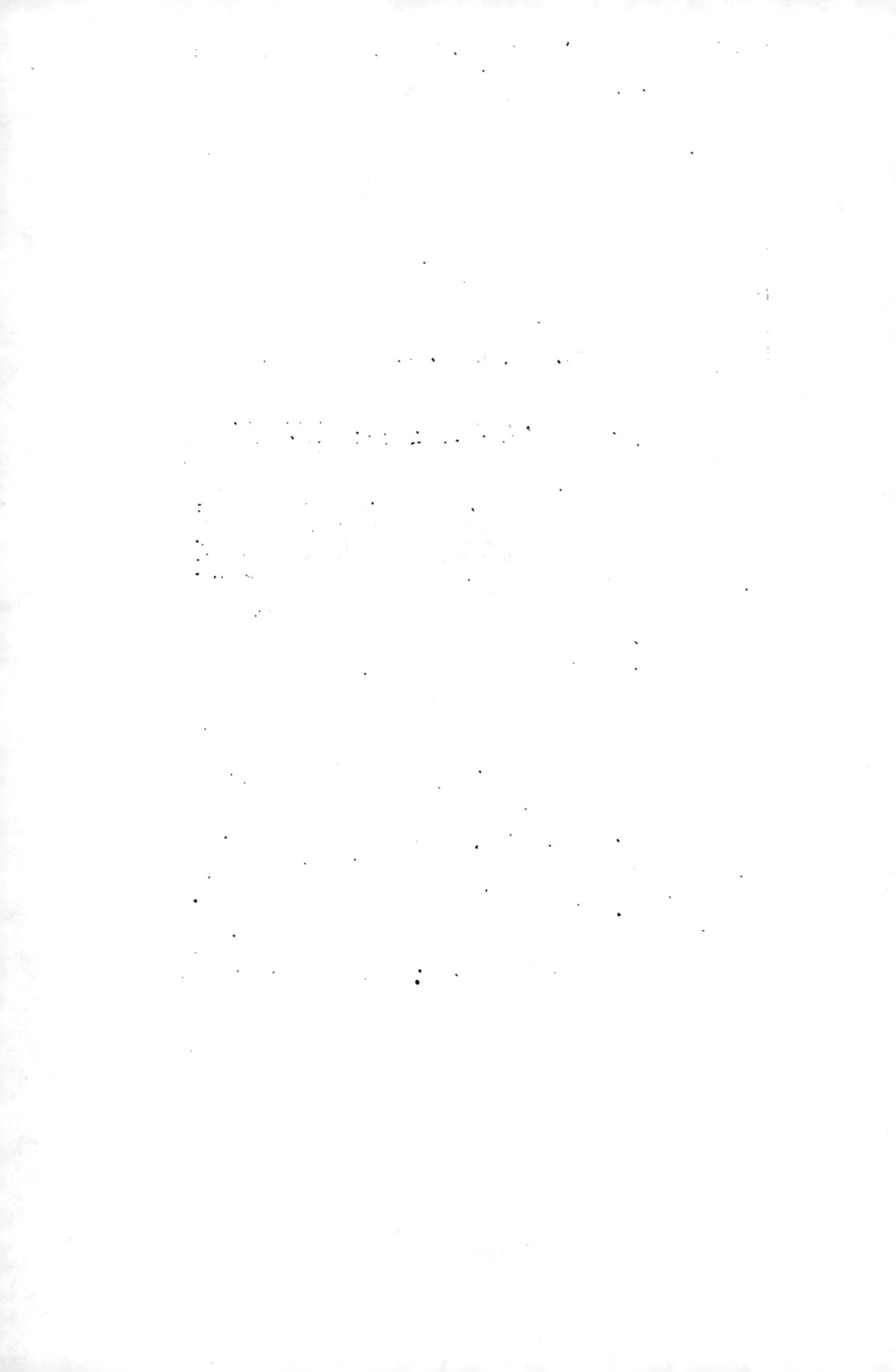

LIVRE III

LES FACTEURS OBJECTIFS DE L'ART

CHAPITRE V

LES FACTEURS SENSORIELS

37. — Les centres nerveux, et en particulier l'encéphale, ont été justement comparés à ce que sont, en électrotechnie, les rhéostats et les accumulateurs. Comme en ceux-ci, en effet, le courant afférent et sensoriel qui, sans eux, se serait fait subitement et complètement efférent et moteur, s'y arrête et s'y transforme en grande partie, justifiant pleinement et éloquemment la belle expression de Bain, que sentir et penser n'est autre chose que se retenir de parler et d'agir, et la loi profonde de Ribot, en vertu de laquelle l'intensité des états de conscience est toujours en raison inverse de leur promptitude à se traduire en actes. D'où il advient qu'échappent souvent, à l'observateur superficiel et hâtif, ces transformations et condensations internes des mouvements extérieurs incidents, et appa-

5.

raissent en conséquence, inexplicablement altérés, les
rapports de proportion entre l'excitation et la réaction, c'est-à-dire entre la cause immédiate et l'effet
ultime : lequel peut aussi ressortir énormément moindre, lorsque la plus grande partie de la force est
demeurée interne et potentielle ; ou démesurément plus
grand, lorsque, par une nouvelle et petite excitation,
les forces accumulées se déchargent enfin à l'extérieur.

De telle sorte que la conscience — quand nous
l'avons — de l'expression dans laquelle l'impression
du beau tend fatalement à se traduire, n'est que l'irra-
diation dans les centres corticaux, avec diminution de
force centrifuge, d'une partie de la résultante efférente.
Et tout le reste émerge au dehors, ou canalisé en un
seul courant, ou décomposé en divers rameaux : en
partie en actions immédiates et réflexes, plus physiologiques que psychologiques, et par là moins significa-
tives, pour un spectateur étranger, de la nature de
l'excitation qui les produit ; en partie, au contraire, en
actions subconscientes, à la fois physiologiques et
psychologiques, modelées très exactement, comme un
masque, sur l'empreinte laissée dans les centres par
le courant centripète ; en partie, encore, en actions
conscientes qui, en même temps que l'image de l'excitation, reflètent au dehors, coordonnées avec elle,
mais non assimilées et unifiées, les autres images anté-
rieures que celle-ci a éveillées ; et en partie enfin, plus
tard, en œuvres encore plus conscientes qui représentent une fusion parfaite, une organisation complète des
forces nouvelles avec les anciennes, et, de là, une

transformation personnelle de la réalité ; l'art réflexe, l'art imitatif, l'art critique et l'art créateur sont l'effet de ces quatre formes successives et toujours plus hautes de l'expression du beau, de chacune desquelles nous allons nous occuper en particulier.

Mais, en attendant, il convient que je dise tout de suite ce que j'entends par art. L'art, pour moi, est l'expression du beau, ni plus ni moins ; c'est-à-dire la reprojection à l'extérieur, consciente ou inconsciente, inaltérée ou élaborée, d'une image interne produite d'abord par une excitation externe, l'oméga d'une série, si longue et complexe soit-elle, dont cette exci‑ tation est l'alpha. Ceux qui s'insurgent contre cette large et démocratique définition font comme ceux qui n'acceptent pas celle du beau consacrée par le plébis‑ cite populaire : ils s'enferment dans un cercle resserré et étroit dont ils sont contraints de tracer artificielle‑ ment et arbitrairement les limites, qu'ils doivent défendre ensuite, à l'aide de sophismes académiques et de dogmes scolastiques, contre les assauts continuels et le siège implacable des faits.

Et, en effet, où est à proprement parler la diffé‑ rence essentielle, décisive, précise, entre ce que l'on veut mettre en dehors de l'art et nommer beau naturel et moral, et ce que l'on veut, au contraire, privilégier du nom d'art? Où finit le geste réflexe et sans signifi‑ cation de celui qui ne se rend pas compte de sa jouis‑ sance, et où commence le geste imitatif de celui qui la savoure mais ne sait pas l'élaborer? Et comment l'ana‑ lyse et la synthèse, la décomposition et la reconstruc‑

tion du critique peuvent-elles se distinguer exactement
du choix et de l'abstraction, de la suggestion et de la
création de l'artiste?

38. — Commençons donc par les réflexes les plus
amorphes du beau. Sur les muscles, d'abord, où un
discours chaleureux, une musique guerrière, un spectacle nouveau peuvent produire l'horripilation ou les
frissons, le tremblement ou le sourire, la ranimation
soudaine des soldats épuisés de fatigue, ou les chants,
les danses et les aimables folies des enfants. Mais
l'organisme entier, comme les muscles, peut être le
siège de ces réflexes encore presque exclusivement
physiologiques : les poumons, dont peut s'amplifier,
ou se ralentir, ou se suspendre tout à fait la respiration, ou sortir des soupirs, des sanglots et des éclats
de rire; le cœur, qui bat plus rapide ou plus lent, et
les vaisseaux capillaires, qui produisent la rougeur ou
la pâleur; les glandes lacrymales, salivaires, gastri-
ques, sudorifères, obéissant toutes aux incitations
esthétiques émotionnelles, gustatives, musculaires; les
nerfs du grand sympathique et l'entière masse viscé-
rale, dans laquelle se répercute l'écho profond de l'impression esthétique intense ou monotone, jusqu'à produire le sommeil, comme chez les enfants que l'on
berce ou auxquels on chante « dodo »; ou l'anesthésie
de la douleur, comme chez tant de malades dont la
musique, le chant ou la lecture adoucit et suspend les
spasmes; ou encore l'équilibre mental, dérangé par les
névroses ou les psychoses mélancoliques et lipémani-
ques, comme faisait la harpe de David pour Saül for-

cené ; ou, enfin, jusqu'à produire une nouvelle et noble
délicatesse de lignes et de gestes chez ceux qui vivent
et travaillent parmi des choses belles et des personnes
aimables, et, dans les fœtus, de merveilleuses ressem-
blances avec les images aimées et choisies, longuement
regardées par les femmes en gestation. Si un individu,
par l'hygiène, par le confort, par les voyages, par le
sport, par les distractions, par la campagne, par la
mer, par la lumière, par le soleil, par les stations bal-
néaires ou climatériques, par les plaisirs de la table et
de l'amour, se régénère le corps et l'âme, se rend plus
beau, plus fort, plus heureux, meilleur, plus intelli-
gent, et, par là, plus agréable à soi et aux autres,
pourquoi ne dirions-nous pas qu'il a fait une véritable
œuvre d'art?

Regardez et étudiez tous ces réflexes du beau sur
le visage et dans les gestes de ceux qui le contemplent
et en jouissent, et puis dites-moi si tout cela n'est pas
beau à son tour, s'il ne vous en parvient pas dans les
sens et dans l'esprit, même sans que vous en sachiez
la cause, un écho lointain, une résonance incertaine,
une jouissance vague mais indéniable? Et qu'est-ce
donc, en somme, que l'art, sinon le beau existant dans
la nature senti par un être vivant et réfléchi par celui-
ci de nouveau dans le monde où, plus ou moins transfiguré par ce creuset nerveux à travers lequel il est
passé, il puisse de nouveau être senti et goûté par les
autres?

· Je comprends bien que cette large acception donnée
par moi au mot d'art soit de nature à paraître exces-

sivement hardie à qui a l'esprit habitué aux vieilles
et étroites définitions scolastiques; mais il est cependant certain que l'on pourra seulement ainsi en fixer
scientifiquement les limites, en notant, d'ailleurs, que
celles-ci n'en sont que les premières et plus obscures
lueurs, les nuances les plus incertaines et lointaines,
les faits les plus rudimentaires et amorphes, à partir
desquels il n'y a plus qu'une longue chaîne, une série
infinie de transitions insensibles, celle qui nous portera aux plus hautes et plus sublimes, aux plus conscientes et plus voulues créations du génie.

39. — En effet, voici l'art imitatif, qui ne se distingue encore de celui que nous nommerions physiologique, réflexe, expansif, sinon parce qu'il reproduit
déjà en quelque manière, comme un miroir, l'image
du fait qui l'a suggéré. De même que le perroquet
ou le singe répètent passivement, presque inconsciemment, les voix qu'ils entendent, les gestes qu'ils voient,
ainsi, en présence d'une personne agitée par la passion,
d'une statue portant l'empreinte d'un vif sentiment, *ut
ridentibus adrident, ita flentibus adflent humani
vultus*, et cela, en particulier, parmi les enfants, les
femmes, les âmes simples, les ingénus, les primitifs,
les sauvages. Les oiseaux chanteurs écoutent et étu-
dient, tout petits, les trilles et les roulades de leurs
aînés; et un bon ou un mauvais maître, comme dans
nos conservatoires et dans nos lycées, qu'il soit de
la même espèce ou d'espèce différente, améliore parfois et souvent fourvoie toute une génération d'oi-
selets; le pinson plagie continuellement tous les autres

oiseaux locaux ; et le chant du mime polyglotte est une étrange mosaïque de tous les sons et de toutes les voix à lui familiers, croassements et aboiements, hurle ments et braiements, sifflements et miaulements, cla meurs et murmures.

Nous-mêmes, à l'opéra, au concert, nous ne pou vons toujours nous empêcher d'accompagner la musique du geste, du pied, de la tête, de la voix, même interne et mentale ; et, sortis du théâtre, les motifs appris nous échappent de la bouche naturellement, passivement, souvent malgré nous et avec une fastidieuse insistance.

Eh bien ! tout cela est plus ou moins timidement déjà accepté, sinon de tous, du moins de beaucoup, sous le nom d'art ; et l'on ne saurait nier qu'il en soit ainsi, lorsque personne ne refuse de nommer art l'action de celui qui chante, exécute de la musique ou récite, répétant purement et simplement ce qu'il a appris, reproduisant à la lettre ni plus ni moins ce qu'il a vu ou entendu faire. Le procédé du photographe de bon goût, tirant avec l'instantané des paysages, des figures, des scénettes qui l'ont agréablement frappé, s'il agit par plaisir et non par métier, n'est ni au-dessous ni différent du procédé du peintre impressionniste ou du nouvelliste naturaliste, réunissant des croquis d'après nature, des documents humains, des esquisses d'ambiance, des faits expérimentaux, et les reproduisant et publiant tels quels.

40. — L'art critique est l'expression, la communication à nos semblables de l'impression que le beau a faite sur notre « moi » ; et je dis art critique, et non

simplement critique, parce que la critique peut être
éthique, scientifique, religieuse, historique, archéologique, érudite, exégétique, etc., sans avoir rien à
démêler avec l'esthétique; tandis que nous voulons
nous occuper exclusivement ici de la critique évoca-
trice, de la critique suggestive, de cette seule critique
qui peut intéresser l'esthète; c'est-à-dire celle qui
s'élance vibrante et inspirée de l'impression fortement
et immédiatement sensorielle et imagée, et qui communique semblable impression à tous ceux qui, par eux-
mêmes, ne seraient pas capables de la ressentir dans
toute son élévation et toute sa puissance; issue naturelle et spontanée d'une tension agréable des nerfs et
de l'esprit, sans préoccupations ni fins secondes, cette
critique-art révélatrice de beautés inconnues, démolis-
seuse de réputations usurpées, tire d'un plaisir goûté
son unique origine et atteint, en le faisant goûter, son
but unique : elle expose, commente, traduit en langue
vulgaire et plus facile le beau le plus ardu et le plus
obscur; comme par un don magique, elle illumine et
agrandit les images, accentue les reliefs, met en évidence les éléments caractéristiques, rend plus nets les
profils, plus vives les couleurs, rapproche les choses
lointaines, ressuscite les choses passées, sert de microscope à la vue débile, de microphone à l'ouïe obtuse
des moins initiés aux joies du beau, aux enchantements
de l'art.

Dans le domaine du sens, la critique est faite uniquement de souvenirs et d'impressions somatiques con-
frontés ensemble, et représente, bien qu'inférieure, une

forme préliminaire et préjudicielle de toutes les autres, qui se composent aussi d'éléments sentimentaux, intellectuels, idéaux, et qui, en ne la prenant pas pour base, cesseraient d'être des critiques esthétiques. Nous en avons les exemples infimes et les premières lueurs dans les avis des cabaretiers, des gourmands, des jouisseurs, des voluptueux, des raffinés, qui s'abandonnent aux plus subtiles analyses de leurs sensations, aux dissertations les plus casuistiques sur leurs plaisirs, aux plus chaudes apologies d'une vieille bouteille, d'un pâté compliqué, d'une petite femme gentille ; et de là nous montons peu à peu jusqu'aux plus sévères et plus menues disquisitions d'art technique, aux plus hautes et plus géniales questions de style et de métrique, de contrepoint et de composition, de rapports de lignes, de teintes, de lumières, auxquelles le progrès fournit chaque jour des faits plus riches et plus stables, des instruments physiques, physiologiques, psychologiques, plus exacts et plus précis.

De cette critique coloriée, sculpturale, imagée, à ce que tous, et quelques-uns exclusivement, qualifient d'art, et que nous, pour la distinguer des formes inférieures, nous nommons art créateur, il n'y a plus qu'un pas ; et un pas si court, que l'on ne comprend point comment il peut donner prétexte à y délimiter des frontières conventionnelles, à y élever des murailles chinoises, à y creuser des fossés remplis d'eaux stagnantes. Car ici aussi, après tout, le beau extérieur est toujours la première et indispensable source d'où parvient frais et pur à l'intérieur le courant afférent ;

lequel s'y répand et s'y arrête plus ou moins longuement, pour en sortir ensuite, canalisé de nouveau;
élaboré, oui, et enrichi de nouveaux éléments préexistants dans notre « moi », qu'il a combinés et s'est assimilés; de façon à sortir transfiguré, comme un composé
sort du creuset du chimiste; mais toujours, je le répète,
constitué seulement de nouvelles et d'anciennes impressions et jamais créé *ex nihilo*, ainsi que le prétendent
les métaphysiciens, en vertu d'une hypothétique force
thaumaturgique de l'esprit. « Créer » a en effet pour
nous la seule signification compatible avec les lois uni-
verselles de la persistance et de la transformabilité de
la matière et de la force : c'est-à-dire produire de nouvelles attitudes et de nouvelles combinaisons des
mêmes éléments, les trier ou les épurer, les isoler ou
les associer, les mettre en évidence ou les dissimuler,
les atténuer ou les exagérer.

Ainsi s'explique que ce qui est laid dans la nature
puisse devenir beau dans l'art. En pareil cas, l'objet
naturel renfermait des caractères laids prédominants,
et des caractères beaux vaincus par les autres. Dans
l'art, l'auteur a supprimé ou réduit les premiers et
accentué ou augmenté les seconds. Une petite arai-
gnée en argent est belle, parce qu'elle conserve les
formes symétriques et agiles, mais non le mouvement,
le venin et la mollassité du corps qui inspirent le
dégoût, et acquiert au contraire une couleur et des
reflets précieux et sympathiques.

41. — Ceci dit déjà que l'art n'a besoin, pour créer
une image belle, que d'une partie — celle qui a le

plus, et le plus agréablement, impressionné l'artiste —
de tous les caractères infinis et disparates des objets
dont on la tire, poids, superficies, mesures, formes,
couleurs, lueurs, odeurs, saveurs, sons, mouvements,
rapports avec les autres objets environnants; mais il
suffira que se reproduisent pour le spectateur et se
communiquent à lui un ou quelques-uns de ces caractères essentiels capables de suggérer à l'esprit tous les
autres, et, ainsi, de reconstruire spontanément l'image
entière. Et c'est en ceci, surtout, que consistent toute
la maîtrise du style, toute la puissance de la forme :
dans l'évocation du plus grand nombre et dans la plus
forte suggestion des éléments manquants par le plus
petit nombre et par la simplicité plus grande de ceux
qui sont choisis et reproduits d'après nature; et en ceci
aussi consiste la fameuse « collaboration du spectateur », qui, en complétant à sa façon par la fantaisie,
et, parfois, en reconstruisant dans le penser d'une
tierce personne moins voyante la partie qui manque,
se fait artiste, lui aussi, et participe de son côté à
l'œuvre admirable de la création.

La réticence, la suspension, sont des exemples de
ce fait. Le fameux *Quos ego*... de Virgile, et l'arti-
fice du peintre grec qui recouvrit d'un voile le visage
d'Agamemnon assistant au sacrifice de sa fille, le prouvent. La rhétorique tout entière, j'ose même l'affirmer,
(la rhétorique saine, naturelle et légitime), et dans tous
les arts, n'est qu'un vaste système de sous-entendus,
d'évocations, de suggestions. Le poète qui qualifie de
« nid » la demeure de deux jeunes époux, le joaillier

qui en cisèle pour eux un en argent plein de joyeux poupons, suggèrent tous deux puissamment, par une même aimable métaphore, l'idylle et la joie, l'amour et la grâce, l'intimité et la tendresse ; celui qui condense en un symbole spécial et concret, écrit ou plastique, une idée abstraite et générique, rappelle par métonymie, à l'aide d'une balance, d'une faux, d'un caducée, d'un marteau, d'un glaive, la justice, l'agriculture, l'industrie, le commerce, la guerre ; celui qui sculpte un buste ou lance dans l'air rien que les premières notes d'un hymne, crée dans l'âme de qui voit et écoute, à l'aide d'une synecdoche hardie, toute la statue, tout le motif ; tandis que, au contraire, celui-là concentre dans l'individu, à l'aide de l'allusion, de l'antonomase, les idées sur l'espèce, qui évoque abstraitement « le chevalier sans peur et sans reproche » ou élève un marbre à la « pucelle d'Orléans » ; celui qui exprime par un colosse de bronze la grandeur d'un homme médiocre, ou qui accentue et exagère, isole et découvre les petites difformités d'autrui, celui-là pratique la raillerie, la caricature ou la parodie, aussi bien avec le crayon ou l'ébauchoir qu'avec la parole ou le son ; et celui qui met un lis ou une rose entre les mains d'une vierge ingénue ou d'une florissante jeune fille, celui-là impose au penser par l'image une similitude éloquente ; de même que celui-là fait saillir les puissantes antithèses idéales et morales, qui projette les grandes ombres à côté des lumières vibrées, et le ricanement infernal de Méphistophélès auprès du sourire serein de Marguerite.

42. — Mais ce travail de création s'accomplit en

deux façons différentes, qui peuvent exister chacune
par elle-même ou se suivre l'une l'autre. La première
est quasi fatale, instinctive, mécanique, de jet, de
veine, d'inspiration; la seconde est voulue, pensée,
réfléchie, d'étude, de lime, d'élaboration; l'une est de
l'artiste-né, du génie; l'autre du dilettante patient, du
talent. Celui-là travaille et crée quand la verve l'envahit et l'agite; celui-ci, quand il en trouve le loisir,
la commodité, ou y a profit.

L'inspiration, la conception, la création sont parfois
presque un seul moment, une seule crise qui intéresse
matière et esprit, âme et corps, raison et sens, qui
nous domine comme une force irrésistible et supérieure, qui nous entraîne passifs et même résistants à
l'action. « *Est deus in nobis : agitante calescimus
illo* ». Voltaire refait en songe, et beaucoup mieux, le
premier chant de *La Henriade*, et Tartini compose
également en songe, s'imaginant l'entendre exécuter
par Belzébuth en personne, sa magistrale *Sonate du
Diable.*

Ce sont ces états presque surhumains d'hyper-
psychie, de clairvoyance, qui ont fait dire à Settem-
brini que Dieu seul est supérieur à l'artiste : états dans
lesquels la mémoire atteint l'intensité de l'hallucination et l'évidence de la vision, plus vives, plus pures,
plus nettes, souvent, que la réalité même, parce
qu'elles sont simplifiées, éclairées, débarrassées de
toute l'inutile scorie qui les enveloppe et les masque
dans le monde réel.

Comme la lumière révélatrice d'un éclair, ces états

d'ultra-conscience ne durent qu'un instant. Le moment passé, la lueur s'éteint, l'enchantement se dissipe, la crise est finie, et on revient à la réalité froide et grisâtre de la vie ordinaire ; heureux ceux à qui suffit l'instant fugace pour fixer sur le papier la note suprême et géniale ! Ensuite, dans les longues périodes calmes et normales, aucun effort d'esprit, aucune patience méditative ne pourront plus réveiller les impressions perdues, rappeler les visions évanouies ; et toute notre œuvre ne sera plus qu'une mosaïque froide, laborieuse, guindée : « *Quandoque bonus dormitat Homerus* ».

43. — L'image une fois fixée en peu de traits, dans l'impétuosité de la veine, comme une ébauche, comme une empreinte, ne sera cependant pas encore, sinon très rarement, l'œuvre d'art accomplie. Sous cette forme, la grande majorité des spectateurs serait peut-être impuissante à la comprendre ; il y manque l'élaboration, la lime, la splendeur de la forme, l'évidence du style. Beaucoup d'appelés, peu d'élus. Beaucoup d'entre nous conçoivent, dans le fond de leur conscience, des tableaux magnifiques, des poèmes grandioses ; mais ils sont bien peu nombreux, ceux à qui le pinceau obéit, à qui la strophe répond.

Aussi Buffon, tout en exagérant, ne s'est certes pas trompé, lorsqu'il a dit que le génie est de la patience. Tous les plus grands artistes ont sué et se sont fatigués longuement, obstinément, jour et nuit, à corriger, retoucher, arrondir, ciseler, rehausser leur œuvre, jusqu'à ce qu'elle fût assez parfaite pour ne plus trahir les luttes, les efforts, les veilles, les anxiétés qu'elle

leur avait coûtées. Une strophe, une page, un profil,
un motif, un arc, peuvent venir tout d'un jet et
immédiatement impeccables; mais il n'en est pas ainsi
d'un poème, d'un roman, d'un tableau, d'un mélodrame, d'un monument; et le long travail de triage et
d'écart, d'ordonnance et de connexion, d'adaptation et
de synthèse, reste à faire, défaire, refaire, avec la
ténacité inquiète et souvent douloureuse aussi du
mosaïste. Mais combien d'idées nouvelles, de dévelop-
pements imprévus, de combinaisons heureuses ne jail-
lissent-ils pas spontanément, comme des étincelles
brillantes, de cette longue et âpre épreuve, de ce choc
et de ce frottement continus, de cette lutte corps à
corps avec la matière brute et avec les moyens
rebelles!

De cette façon, travaillant dans un état d'âme tout à
fait différent de celui dans lequel il concevait et ébau-
chait, l'auteur devient pour ainsi dire un critique et un
collaborateur d'un autre soi-même. Spectateur de
sa propre œuvre, il en sent et en goûte les mérites,
souffre de ses défauts, s'applaudit, se blâme et se corrige;
il s'enthousiasme, comme Boïardo, qui, venant de
trouver pour son héros barbare le nom terrible de
Rodomont, fait sonner à pleine volée toutes les cloches de son fief de Scandiano; ou il se décourage,
comme Virgile, qui n'hésite pas à jeter au feu l'*Énéide*,
à laquelle il n'est pas parvenu à donner la forme parfaite
et puissante qu'il avait rêvée. Celui qui relit à haute
voix ce qu'il a écrit, celui qui dicte à un autre ses propres pensées, ont dans le son de leur propre voix un

commentaire vivant, un jugement continuel et sincère
de leur travail, qui n'a son juste équivalent que dans le
cas du peintre, de l'architecte ou du musicien contemplant d'une âme sereine et d'un cœur tranquille, hors
de leur atelier mais avant qu'y soit admis le public,
dans les salles d'une exposition, entre les barrières d'une
enceinte fermée, ou le jour de la répétition générale
au théâtre, leur propre œuvre. C'est une heureuse inoculation préventive de sérum critique, qui préserve
souvent d'une funeste épidémie de censures et de sifflets.

44. — De ceci, donc, à la collaboration proprement
dite, il n'y a qu'un pas; et un pas qui n'est ni long ni
soudain, parce que là collaboration de deux êtres de
tempérament très analogue, comme celle si intime,
si concordante, des frères de Goncourt, n'est encore
qu'une fusion, une somme de données homogènes
qui s'exaltent et se subliment, mais ne se complètent
ni ne se transforment les unes par les autres. D'autres
fois, il s'agit au contraire de tempéraments différents,
mais égaux en forces et en aptitudes, qui réagissent
l'un sur l'autre, déterminant des œuvres d'art composées,
mais organiques et unes, tout à fait différentes de celles
que chacun aurait pu produire à lui seul : Scribe et
Legouvé, Meilhac et Halévy, Erckmann et Chatrian. Ou
bien, au lieu d'étoiles doubles, il y a un astre souverain (cette belle métaphore est de Panzacchi) autour
duquel tournent en un seul système les satellites secondaires. C'est le cas de Michel-Ange, qui fait colorier
par Fra Sébastien son titanique dessin nu; celui de
Labiche, qui trace à grandes lignes sûres les esquisses

de centaines de comédies et confie à une quantité d'inconnus modestes et patients le soin de les développer; ou celui de La Rochefoucauld, qui refait cinq fois son précieux volume de maximes si profond et si intense, offrant largement et consciencieusement chacune des éditions successives à la discussion, à l'analyse, au contrôle, au crible, aux corrections des habitués subtils et exigeants du salon de Mme de Sablé.

Beaucoup plus compliqués sont la collaboration et le concours de plusieurs arts majeurs et mineurs en une seule œuvre compacte et homogène, à laquelle on pourrait donner l'épithète de polytechnique, si l'on ne l'avait pas déjà utilisée dans un sens tout différent. Voyez combien contribuent à l'effet d'un tableau, d'une statue, d'un volume de vers, le cadre, le piédestal, l'attrait typographique! Voyez le théâtre, spécialement le théâtre musical : quel grand nombre de collaborateurs! Le librettiste, le maestro, les chanteurs, l'orchestre, le peintre des scènes, le tapissier, le dessinateur des costumes, le tailleur, le coiffeur, le joaillier!

Et n'est-ce pas une collaboration, souvent involontaire et inconsciente, quelquefois violente et forcée, que celle du premier auteur d'une œuvre et de ses traducteurs dans une forme ou dans une langue différente, ou dans un autre art, ou aussi dans une nouvelle et libre création? En mettant à part le plagiat proprement dit, qui est un vol infamant, combien de fois l'artiste ne fait-il pas sienne, comme *res nullius*, l'œuvre anonyme et polygénique des masses, la légende, la tradition, le motif, le penser profond d'un peuple, ou n'exproprie-

6

t-il pas « pour cause d'utilité publique », ne nettoie-
t-il pas, ne travaille-t-il pas à facettes, n'enchâsse-t-il pas
dans la fine monture la pierre précieuse opaque et déliée
créée fortuitement par un génie inconscient? « Je prends
mon bien où je le trouve », disait Molière; et, comme
lui, l'Arioste et Shakespeare, Gœthe et Walter Scott,
Richard Wagner et Liszt ne se firent aucun scrupule de
puiser largement aux sources fraîches du « folk-lore »
et aux veines vierges de vieilles et grossières œuvres
d'art oubliées. On peut traduire, comme la poésie
en musique, la musique en poésie; la peinture en
vers, et le vers en tableaux : Gustave Doré n'est-il donc
pas un des plus grands commentateurs de Dante? Et
Dante, lui-même, n'est-il pas le divin collaborateur de
Michel-Ange dans l'œuvre titanique de son *Jugement
dernier*?

45. — Les arts sont tous frères, et il est vain et inutile, même innaturel et illogique, de vouloir faire une
esthétique particulière pour chacun, si ce n'est en ce
qui concerne la technique, les moyens matériels
d'expression dont chacun se sert; et c'est pour cela
que j'ai toujours parlé, jusqu'à présent, de l'art en
général et en abstraction. Mais il est temps maintenant de nous occuper de ces facteurs spéciaux qui
impriment aux différents arts, subordonnément aux
caractères généraux et communs, d'autres caractères
propres et exclusifs, en leur traçant, en même temps, des
confins déterminés et des sphères d'action limitées;
confins très larges et très vagues, disons-le tout de
suite, sphères qui se croisent et se pénètrent tour à tour

très profondément, comme nous l'étudierons plus en détail par la suite.

Voyons, en attendant, à l'aide de quels critériums il est préférable de classifier les arts. Les uns les divisent selon les sens intéressés par chacun d'eux, établissant ainsi une classification relative au spectateur plutôt qu'à l'artiste, duquel, au contraire, nous devons maintenant exclusivement nous occuper. D'autres les distinguent en arts manuels et en beaux arts, en arts mineurs et en arts majeurs, en arts décoratifs et en arts représentatifs, et l'on ne s'aperçoit pas que dans chaque art il y a la partie manuelle et oui ou non la partie spirituelle, que les arts mineurs peuvent égaler, sous la main d'un génie, les arts majeurs, et que tous peuvent être purement décoratifs ou profondément représentatifs, selon que celui qui les traite a seulement les sens exquis et vibrants, ou aussi bien développées les autres plus hautes puissances de l'âme.

Je trouve donc meilleure, plus scientifique, plus précise, plus objective, la très ancienne division de Lucilius de Tarra, qui, avec quelques légères retouches et transpositions, me semble parfaite encore aujourd'hui. Elle fait des arts, ainsi modifiée, deux groupes : l'un plus capable d'exprimer les impressions d'espace, l'autre, celles de temps; le premier plutôt figuratif, le second plutôt suggestif de leur contenu; l'un à base de rapports eurythmiques et symétriques, l'autre de relations mélodiques et harmoniques; celui-là, producteur d'œuvres plastiques et permanentes, celui-ci, d'images mentales et fugaces. L'architecture, la sculpture, la

peinture constituent le premier groupe, et elles s'y suivent par ordre de puissance expressive : et ainsi, dans
le second groupe, parallèlement mais plus haut, se ran-
gent la musique, la danse mimique, la littérature. Plus
haut, dis-je, parce qu'elles atteignent, avec des moyens
moindres, des effets supérieurs, laissant à la fantaisie
du spectateur immédiat, à la collaboration de l'inter-
prète qui les traduit des signes écrits et conventionnels
pour d'autres spectateurs lointains et successifs, de nouvelles activités à exercer, de nouveaux plaisirs à
goûter.

46. — Par architecture, en esthétique, on n'entend
certes pas la fabrication d'un refuge, d'une maison,
d'un édifice quelconque fait de n'importe quelle façon,
mais bien tout ce qui, dans la construction, reflète et
exprime l'idée intérieure du beau, souvenir du beau
extérieur perçu autrefois ; tout ce qui va de la première
cabane régulièrement pyramidale, hémisphérique,
conique, prismatique, cylindrique, du premier mur tiré
à fil de plomb et sans renflements ni bosses, à cette
poésie lyrique de marbre qu'est le campanile de Giotto,
à ce péan de fer qu'est la tour Eiffel ; tout ce qui,
dans un monument, avec les profils, les proportions
et les rapports des lignes, des plans, des espaces,
produit comme un charme à la vue, indépendamment
de l'usage auquel il est destiné.

Et, dans cet art, l'homme a déjà été précédé par les
galeries concentriques, si symétriques et si régulières,
que la taupe creuse sous terre ; par les toiles à rayons
et à volutes mathématiquement précis que tissent les

araignées entre les branches; par les ruches à cellules
prismatico-hexagonales des abeilles et des frelons; par
les nids, souvent très beaux, des oiseaux, et surtout
des oiseaux sociaux; par les villages lacustres des
castors, à la perfection desquels l'homme lui-même
n'atteint pas, à travers sa préhistoire, sinon après
d'obscures cavernes habitées pendant de longs siècles,
dans lesquelles n'apparaissent que très tard les premières
lueurs d'architecture, avec le nivellement des parois,
l'équarrissement de la porte, l'arrondissement et la
rectification de colonnes, de pieds-droits, d'architraves.

Mais une forme plus vraie et plus pure d'architecture
artistique est celle qui, libre de tout lien pratique et
utilitaire, existe par elle-même et est sa propre fin à elle-
même, celle qui seule mérite véritablement le nom de
monumentale; et voici, dès l'âge de la pierre polie, dol-
mens, menhirs et cromlechs, obélisques, cirques et por-
tiques énormes, qui ne pouvaient certainement servir à
rien de pratique; et nous voici, dès notre enfance, longtemps avant que nous soyions capables de former ou de
dessiner le plus informe bonhomme, déjà tout occupés
à fabriquer des petites pyramides et des colonnes de
cailloux et de jetons, des tours, des clochers, des bas-
tions et des arcs triomphaux de dés, de cure-dents, de
petites boîtes à briquets et de cartes à jouer.

Par cette voie, et toujours par degrés insensibles et
toujours en s'adaptant, comme l'enfant, aux matériaux
divers que fournissent les lieux et les circonstances, à
la pierre et à l'argile, au bois et à la glace, au fer et
au verre, l'homme développe et élève, mais toujours

6.

en restant dans l'art purement sensoriel, l'architecture à
sa perfection : aux lignes impeccables du blanc Par-
thénon, aux dentelles de marbre du fantastique Alham-
bra, à la fabuleuse magnificence des mosquées des califes
persans, aux symphonies polychromes et dorées des
palais impériaux byzantins.

Et avec les grandes stalles monumentales de chêne,
avec les chœurs, les chaires et les lambris sculptés,
avec les cariatides énormes qui forment des colonnes
et des attiques, avec les sphinx gigantesques taillés dans
la masse à l'endroit même, avec les piédestaux des statues grandioses, avec les ornements figuratifs répandus
en relief sur les parois, l'architecture passe à la sculpture, lentement, par transitions et nuances successives,
sans sauts et sans confins précis.

47. — La sculpture suit l'architecture, mais précède, dans l'individu comme dans l'espèce, la peinture. L'animal brute n'en est presque déjà plus capable, tandis que l'enfant forme avec la craie, ou découpe
dans du papier, ou arrive, n'importe de quelle autre
façon, à représenter plastiquement un objet, longtemps avant de réussir à le dessiner ou à le colorier;
et la même chose se produit pour l'homme primitif,
pour le sauvage, pour le bouvier inculte de nos montagnes. Tous distinguent beaucoup plus facilement et
apprécient mieux une statuette qu'une peinture représentant le même objet; les fétiches des nègres les
plus bas, les images de saints et de madones les plus
vénérées par nos paysans du Midi, sont tous plutôt
des statues que des tableaux.

Du reste, la sculpture figurative, et spécialement la statuaire, sont précédées de mille autres formes inférieures, qui la préparent beaucoup plus et beaucoup mieux qu'elles ne préparent la peinture : du geste, avant tout, qui est presque une sculpture idéale circonscrivant des espaces, délimitant des formes et concrétant des volumes; de la céramique, à peine les pots et les vases d'argile ou de pierre commencent-ils à prendre des formes symétriques et régulières; et de la gravure, quand les silex éclatés commencent à se polir et les instruments en os et en corne, en bois et en bronze, à s'orner de reliefs et de sinuosités. Plus tard seulement, les graffites géométriques sont suivis de contours péniblement ébauchés de poissons et d'oiseaux, de bas-reliefs puis de hauts-reliefs d'animaux domestiques et de bêtes fauves redoutées, et enfin d'idoles et d'images humaines, encore monstrueuses et difformes, mais n'en constituant pas moins la première lueur de la future statuaire; laquelle, toujours sans presque franchir le seuil du sens, atteint bien vite en Grèce la perfection, en synthétisant dans le marbre immortel de Phidias et de Praxitèle toutes les beautés corporelles humaines.

Mais toutes les autres formes inférieures, en attendant, subsistent, se développent, se perfectionnent chacune par sa propre force. Le graffite, des monotones hiéroglyphes égyptiens gravés dans le porphyre, aux bas-reliefs des temples d'Athènes et des arcs triomphaux de Rome; la céramique, le verre, le cristal, des marmites à peine tournées des barbares, aux vases

exquis des Grecs, aux coupes aériennes de Murano,
aux cristalleries facettées de Bohème ; la ciselure et la
joaillerie, des lourds bracelets et pendants d'oreilles
de l'homme de l'âge du renne, composés de dents de
bêtes et de coquilles de limaçons, et des premiers
bronzes légers façonnés en armillaires, en colliers et
en breloques, aux joyaux, aux diadèmes, aux boucles,
aux casques, aux armes que Ghirlandaio et Benve-
nuto Cellini travaillaient avec l'or et l'argent, les
pierres précieuses et les perles, surpassant et subju-
guant la richesse de la matière par la splendeur de
l'art. Puis les médailles et les camées, les filigranes
et les dentelles, la marqueterie elle-même ainsi que
le camée polychrome, et, finalement, les statues
peintes ou arrangées en plusieurs morceaux de
matière diverse, nous amènent ici, par degrés
insensibles et indéfinis, dans le champ de la peinture.

48. — La dernière de ce premier groupe, elle ne se
présente que tard par rapport aux deux autres arts
frères, parce qu'elle est plus difficile et a besoin de
facultés psychologiques plus développées. Tandis qu'il
suffit à la plastique de représenter les formes dans leur
réalité pure et simple, à la peinture s'impose déjà
l'abstraction d'avec ce qui apparaît plus essentiel, le
volume. A elle, en effet, il est nécessaire de projeter
sur un plan l'image que nous percevons au contraire en
relief, et ensuite de se heurter aux graves difficultés
du clair-obscur et de la perspective, de lutter contre
les obstacles infinis, et de tomber dans les erreurs

inévitables d'une technique inconnue à l'enfant ou au sauvage qui les premiers l'affrontent.

Elle a ses premières sources dans le graffite profilé grossièrement dans le sable, dans l'argile, dans la boue, dans le bois, et en conséquence, à la rigueur, encore gravure plutôt que dessin; et cela aussi bien dans l'espèce, où les plus anciens vestiges de l'art préhistorique le démontrent, que dans l'individu, chez qui le prouvent les premières et plus rudimentaires tentatives enfantines, spécialement dans les campagnes, où la plume et le crayon sont des instruments rares et superflus. Plus tard seulement, l'espace laissé entre ces contours graffites, désormais beaucoup moins profonds et sculpturaux, se remplit des couleurs de la craie blanche ou des ocres rougeâtres et jaunâtres; et les plus belles céramiques étrusques, italiotes et grecques, de même que les premières fresques murales de tous les peuples aux débuts de leur civilisation artistique, ne vont pas beaucoup au delà.

Entre ces tentatives rudimentaires et les plus grands chefs-d'œuvre de la peinture de la Renaissance, parmi ceux, bien entendu, qui ne s'adressent ni au sentiment ni à l'intellect ni à l'idéal (et ce sont certainement les plus nombreux), mais qui se contentent d'être une fête pour les yeux, se déploie tout le trésor de la décoration picturale, de l'ornement linéaire et chromatique : les mosaïques, les verreries de couleur, les décorations murales en petites briques, les tapisseries, les manuscrits peints en miniature et les ornements typographiques, les tissus à plusieurs fils de

couleur, les brocarts, les tentures, les broderies, et
jusqu'au tatouage des sauvages; tout ceci est du
domaine de l'art pictural, et rien ne le distingue de
l'art qu'on veut colloquer plus haut et à part, sous le
nom de vraie, de grande peinture.

49. — Passons aux arts du second groupe, à la série
parallèle mais plus élevée qui sait rendre, mieux que
l'espace la matière et l'aspect, le temps la force et
l'âme des choses. En premier lieu la musique, qui, note
amorphe, précède le geste et la parole, chez l'animal
comme chez l'homme, dans l'expression du plaisir et
de la douleur, et qui, même arrivée au sommet de son
développement, ne donne, comme l'architecture, que
de vagues et incertaines nuances de penser; elle est cri,
elle est plainte, au commencement isolés, puis répétés
monotonement en rythme, ensuite alternés et combinés avec d'autres cris et d'autres plaintes ou avec
des bruits de toute nature, avant d'être une musique
véritable, telle que nous l'entendons, vocale ou instru-
mentale; elle commence, en effet, même chez l'homme,
par de simples éclats inconscients de joie, par des cris
et des battements de mains et de pieds en cadence, par
des sons informes mais rythmiques donnés par de grossiers instruments découverts fortuitement, pierres et
métaux, roseaux et coquillages, cornes et membranes,
armes et bâtons; tel est l'orchestre du sauvage, telle
est la musique de l'enfant, pas plus parfaits, à vrai dire,
que les chants des cigales et des grillons, des gre-
nouilles et des oiseaux, dont quelques-uns parviennent
à faire, comme l'homme, de la musique imitative, à

créer les images acoustiques de l'univers extérieur, à répéter les bouillonnements alternés de la mer, les soupirs secrets du vent à travers les rameaux des bois, les hurlements, les hennissements, les mugissements, les rugissements, les mille voix et les murmures continus de la nature vivante.

Élaborez, combinez, fondez ensemble tout ce matériel incohérent et divers; permettez-lui, dans la longue succession des temps à travers lesquels mûrit la civilisation et évolue l'art, de se transformer et de s'idéaliser, lui aussi; fabriquez de nouveaux instruments plus riches de notes et plus délicats de son; disciplinez le rythme, étudiez l'accord, ajustez les notes des divers instruments et les voix des divers individus; passez de la succession rationnelle de sons uniformes en temps déterminés à celle de tons divers mélodiquement accordés, et de celle-ci à l'ensemble de notes et de timbres divers harmoniquement et symphoniquement associés; partagez en mesures, en strophes, en motifs, en gradations ascendantes, descendantes, ondulantes, trillantes, la série d'abord continue ou irrégulière des sons; — et vous arriverez peu à peu, sans presque vous en apercevoir, en restant toujours sur l'humble terrain de la musique et du chant purement sensoriels et ornementaux, aux envolées, aux roulades et aux vraies broderies de notes que crée Delibes ou que chante la Patti, aux descriptions et aux paysages musicaux de Schumann et de Berlioz, de Rossini et de Beethoven, de Wagner et de Verdi, qui font les délices sinon précisément du cœur et du cerveau, du moins, et exquisément, de l'oreille.

Et ici je me demande de nouveau : où sont les limites entre le chant et la mimique, entre la musique et la danse? Au début, elles sont complètement confuses, intimement associées dans l'obscure et lointaine humilité de l'origine commune; et, aujourd'hui encore, qui chante est instinctivement porté à gesticuler, et qui entend le son d'un instrument, nous l'avons vu plus haut. est fortement tenté de marcher ou de danser, ou au moins de gesticuler, lui aussi.

Où est la frontière entre la musique et la poésie? entre le son et la parole? entre le chant et le discours? Je sais que je puis, en sifflant, refaire une conversation entière, ou mieux, le substratum de tons et de rythmes qui sert de base à la parole humaine; que je bats du pied, comme le rythme orchestral, aussi la métrique ailée d'une ode; que du récitatif du mélodrame à l'emphase de la déclamation, la transition est imperceptible; et que j'ai éprouvé plus d'une fois, en entendant jouer d'un instrument, l'impression d'une véritable conversation.

50. — Nous voici, en attendant, au second art du groupe, moins indéfini et plus directement significatif, qui est à la musique ce qu'est la sculpture à l'architecture, et qui constitue presque une sculpture en action : la danse-mimique. Les mouvements du corps, les gestes du bras et de la main, les signes de tête, l'agitation de la queue, la contraction des muscles de la peau et le dressement des plumes et des poils, le froncement du front, le sourire, le frémissement, l'animation variée des lèvres et du visage, l'éclat, l'éteignement, l'écarquil-

lement ou l'entr'ouvrissement des yeux, — toute cette mécanique passagère et changeante de l'appareil moteur animal et humain constitue cet art, regardé, à grand tort, comme inférieur à la musique, tandis qu'il lui est, au contraire, de beaucoup supérieur en puissance expressive, en précision, en extension, en richesse de moyens. L'attitude, le maintien, l'allure en sont les formes les plus simples et les plus naturelles, inconscientes peutêtre chez le paon et chez le cheval, mais certainement conscientes et étudiées chez leur grande maîtresse, la femme. La course, le saut, la lutte, l'escrime, la gymnastique étaient des arts honorés de lauriers, de poèmes et de statues par le peuple grec, et qui aujourd'hui ressuscitent chez toutes les races élevées, en s'adaptant aux nouvelles mœurs, sous le nom exotique de *sport*; et ensuite viennent au plus haut degré, bien qu'exclues encore par beaucoup de gens du nombre des beaux-arts uniquement parce qu'elles sont moins généralement étudiées et appréciées, la mimique théâtrale et la danse chorale.

Les animaux, les enfants, les idiots, les sauvages en sont capables. Les mouches, qui tressent dans l'air ces quadrilles admirables que Bernardin de Saint-Pierre a décrits; le singe qui, accroupi sur la branche d'un arbre, imite si bouffonnement les gestes et les mouvements des autres animaux; la fillette rayonnante de joie qui saute et gesticule autour de sa maman dont elle vient de recevoir une poupée; le nègre qui exprime par des mouvements désordonnés et insensés la plénitude de ses sentiments pour le peu de monnaie reluisante ou

d'eau-de-vie dont vous le gratifiez, marquent le début
d'un art qui sera les délices de nos salons, qui atteindra,
au xviii° siècle, au raffinement le plus exquis, et qui,
sur la scène, avec la Taglioni ou la Elssler, la Cerrito
ou la Camargo, fera dire au langage muet des muscles
tout ce que peut dire la plus éloquente parole, fera
délirer d'enthousiasme le parterre, détacher les che-
vaux des carrosses, frémir la lyre de Voltaire ou de
Prati.

51. — En laissant de côté la littérature écrite, assez
tardive à paraître et exclusivement humaine et sociale,
l'art de la parole ne marque donc qu'un autre petit
degré, après celui du geste, dans la hiérarchie de la
puissance expressive. On le comprend, d'ailleurs :
cet art suprême, cet art souverain, protéiforme, omnipotent, — la littérature, — est étroitement, insépara-
blement connexe, à ses débuts, avec la musique, le
chant, la mimique, la danse, sous leurs formes infimes. Il commence donc par être un simple cri,
une interjection inarticulée dans laquelle la sensation
agréable se traduit instinctivement ; puis, ce cri, cette
exclamation, associés dans la mémoire à la cause d'où
ils naquirent, la rappellent en celui qui l'a éprouvée, et
en les autres chez qui la même excitation a su produire
autrefois la même réaction : et telle est la première et
plus lointaine lueur de la grande lumière qui rayon-
nera, un jour, de l'art surprenant de la parole.

Ensuite, comme la musique, il sera, lui aussi, imitatif. Un très grand nombre d'oiseaux, spécialement
parmi les perroquets et les moineaux, et, au premier

rang, le fameux polyglotte, se complaisent à répéter les
paroles qu'ils entendent, à les ruminer à voix basse, à
s'exercer à les redire assez exactement jusqu'à donner
le change à l'homme dont ils les ont apprises; et ce
n'est pas autrement que procèdent l'enfant, le sauvage,
apprenant des paroles dont ils ne comprennent pas le
sens et les répétant à l'envi pour renouveler le plaisir
goûté en les écoutant, d'autant plus purement sensoriel
et exclusivement esthétique que la signification conven-
tionnelle leur en échappe davantage.

L'idiot, le dégénéré, le criminel-né, le fou, aiment
en effet à répéter des vers, même en une langue
qu'ils ne connaissent pas, et se complaisent à l'infini
de la rime, de l'assonance, de l'allitération, de la
cadence, du calembour, du vocable étrange, du néolo-
gisme, qui chatouillent leur oreille sans toutefois
atteindre, trop souvent, une zone plus élevée d'affects,
de pensers, de rêves.

Or, la grande poésie, la prose exquise, ne font pas
autre chose que cela : elles caressent l'oreille et réveillent des images acoustiques; mais celles-ci, à leur tour,
par ce profond et vaste pouvoir de suggestion qui est
en elles et qui fait de cet art comme le résumé et la
synthèse de tous les autres, rappellent toutes les images
visuelles et olfactives, tactiles et musculaires, sapides
et viscérales, et les arrangent en un seul ensemble
présent, évident, à peu près réel.

Ils ont donc des raisons à revendre, les stylistes
anciens et modernes, les parnassiens et les décadents,
qui estiment la parole autant que la pensée, qui font

de la prose une ciselure exquise, du vers une arabesque polychrome; qui cherchent les épithètes rares et savantes, les mots profonds et synthétiques; qui créent une langue raffinée et musicale; qui travaillent le vers et la rime comme le joaillier travaille l'or et les pierreries; qui, à l'aide du maniement habile des vocables et des phrases, dépeignent, sculptent, chantent, infusent la vie et le mouvement à leurs créations.

Et tout ceci suffit à l'art de la parole. Quand il produit, simplement par sa beauté propre et intrinsèque, par sa couleur et sa chaleur, par son mouvement et sa force, des sensations vivaces et agréables, c'est-à-dire quand il réveille des impressions assoupies et des images chères aux habitudes des sens, nous met dans les nerfs et dans le sang des frissons nouveaux et de nouvelles fièvres de jouissance, il a atteint son but essentiel, le seul but précis et indiscuté de l'art; les autres ne seront qu'un luxe, un surplus, discutable et secondaire.

52. — Pour terminer cet exposé de l'art sensoriel, il ne nous reste plus qu'à ajouter un mot sur les arts composites et mixtes : les livres et les journaux illustrés et richement reliés; la céramique en relief et peinte, la naïve statuaire coloriée des poupées, celle rendue mobile et presque vivante des marionnettes et des automates, le temple et le palais ornés de dorures et de stucs, de statues et de fresques; la pyrotechnie, faite de lumières et de couleurs, de mouvements et de bruits, et finalement de lignes et de formes architectu-

rales; l'habillement, qui est ligne, couleur, relief, geste, parfum; l'art oratoire, qui est voix, parole, musique, geste, attitude; la gastronomie moderne et sociale, à laquelle tous les arts décoratifs participent, de la céramique à la poésie, de la floriculture à la musique; le fétichisme sexuel, dont, chez l'homme civilisé comme chez certains animaux, oiseaux et papillons spécialement, l'entourage des dentelles et des rubans, des parfums et des fleurs, les lumières voilées et les voix étouffées, les sourires et les regards, les fines allusions et les sièges savants, constituent indubitablement la partie la plus exquise et la plus chère; puis encore, tous les arts très compliqués du luxe, du confort, du bien-être physique, jardinage et décoration, *sport* et tourisme.

Un art composite par excellence est enfin le théâtre. Accouplez les instincts imitatifs du singe et du perroquet, et vous aurez dans l'homme inférieur et dans l'homme enfant les premières tendances dramatiques; ajoutez l'ambiance, l'architecture, la peinture, la décoration, la lumière, le vestiaire, en un mot ce qui fait le théâtre, et vous arriverez à Coquelin et à Salvini, à la Ristori et à Sarah Bernhardt; mettez-y encore l'orchestre et le chant, et voici de Candia et Tamagno, la Malibran et la Patti.

CHAPITRE VI

LES FACTEURS SPIRITUELS

53. — De même que sur l'impression, le contenu spirituel du beau influe puissamment sur l'expression, au point de faire dire à Voltaire que « le style c'est la chose », c'est-à-dire que le mécanisme, le faire, l'attitude, la physionomie de l'expression même dépendent (du moins en grande partie) de l'objet qui l'a inspirée, des affects, des pensers, des visions qu'elle a suscités en nous et que nous devons traduire de nouveau au dehors. A ces données spirituelles s'associent en effet dans notre cerveau certaines formes déterminées qui, de même que, venant du dehors, sont capables de les suggérer, y sont ainsi spontanément rappelées par elles et poussées, avec le courant centrifuge, à réagir dans l'art. Et voici derechef que la forme s'impose fatalement, même à l'art le plus élevé; la forme, dis-je, non comme perfection technique, mais comme puissance stylistique; la forme non comme fignolement patient, comme quintessence mignarde d'accessoires particuliers, mais comme correspondance parfaite, comme association intime, comme rappel immédiat et nécessaire entre l'image externe et l'image interne. Celui qui ne sait pas donner aux produits de son propre talent ce pouvoir mystérieux et magique, n'est pas, au moins à ce moment, un artiste; il est un moraliste, il est un savant, il est un théologien, lequel travaille de sang-froid et d'un cœur tranquille, parce que dans son esprit il y a l'idée et non l'image, le signe et non la chose.

N'est-il pas vrai que nous changeons de voix et de physionomie en décrivant ou en racontant des choses gaies et joyeuses, ou des événements tristes et fâcheux? Que, sans le savoir et sans le vouloir, nous parlons à voix forte ou basse, d'un ton sincère ou sournois, selon que nous avons dans l'âme la lumière et le soleil, le courage et la loyauté, ou au contraire les ténèbres et l'hypogée, le découragement et la fraude?

Le même artiste ne change-t-il pas son style et sa manière selon les objets qu'il traite? Qui reconnaîtrait, par exemple, le Cervantès du *Don Quichotte* dans ses œuvres moindres justement oubliées?

54. — Il y a donc, pour l'art inspiré par les faits du sentiment, un style à part, un style chaud, ému, passionné, mélancolique, vibrant, enthousiaste; un style spécial, plein de caresses ou de détentes, de plaintes ou de joies, de halètements ou de rugissements; un style nouveau et différent de celui dans lequel s'exprime le beau sensoriel, et qui fait en conséquence de l'art affectif, même de celui qui ne consiste que dans la forme, une catégorie esthétique distincte, condamnant tout bonnement la théorie étroite et unilatérale des purs sensistes. Inutile d'ajouter que cet art est même supérieur à l'art exclusivement sensoriel : soit parce qu'il prouve chez l'artiste une plus grande et plus haute puissance de conception et une plus riche et plus spirituelle faculté de représentation; soit parce qu'il offre au spectateur

une plus intime et plus noble joie et établit entre lui et l'artiste un lien sympathique plus intense et plus parfait.

La technique aussi, dans cet art, est donc plus variée et plus complexe, c'est-à-dire qu'elle contient toutes les finesses de celle de l'art sensoriel, et nécessairement, pour atteindre la perfection, y en ajoute encore d'autres. Sans cela, en effet, ou il manquera du pouvoir suggestif de la passion et retombera dans la sensation simple, comme il advient de beaucoup de chefs-d'œuvre classiques qui, étonnants par la forme sensorielle, n'émeuvent cependant pas, quoique représentant les drames les plus cruels de la passion; ou il traduira bien le sentiment le plus chaud, mais sans plaisir ou avec peu de plaisir des sens; — et alors nous serons tout à fait en dehors du champ de l'art, ou nous aurons de l'art dilué et confus noyé dans les éléments étrangers.

Il s'ensuit que si, dans son ensemble, l'art sentimental est supérieur à l'art sensoriel, une œuvre isolée de la catégorie supérieure pourra très bien être au-dessous, et de beaucoup, d'une autre œuvre de la catégorie inférieure. Il suffira pour cela que le style en soit moins suggestif, la forme moins communicative.

Les degrés infimes dans l'art sentimental ne sont que des réflexes pratiques à peu près involontaires et inconscients, différents de la cause qui les a produits et auxquels on refuse habituellement la qualification d'art. Cependant le prétorien qui, voyant apparaître sur la scène Néron chargé de chaînes, s'élance du parterre pour le délivrer, est à ce moment-là un véritable et incontestable artiste, et d'autant plus artiste qu'il est plus inconscient et irresponsable; il atteint, en fait, le sommet de l'art, en élevant, comme font seulement les génies les plus éminents de la scène, l'action dramatique à la hauteur d'une vraie hallucination somnambulique.

Pareillement, c'est de l'art aussi, la contagion du rire ou des larmes, de l'enthousiasme ou de la colère, que la passion des autres nous communique souvent, influençant notre volonté et déterminant notre conduite autrement que nous l'aurions voulu et que nous l'aurions fait tout seuls. Jetez-vous, à un moment psychologique, dans les bras de votre ennemi, et cent autres pardonneront de même en pleurant; les Werthers du romantisme maladif, les amants homicides et suicides de la chronique quotidienne, ont fait et font chaque jour plus de victimes qu'une bataille; ne sait-on pas que *Les Captifs* de Plaute précédèrent et préparèrent Spartacus? que *Les Brigands* de Schiller amenèrent la formation de bandes d'assassins dilettantes? et que *Le Mariage de Figaro*, de Beaumarchais, fut un ferment formidable dans l'air déjà lourd d'orage de l'imminente révolution?

55. — L'art critique sentimental n'est nullement la même chose que la critique éthique, quoique trop souvent on ait l'habitude de les confondre. Il est une critique esthétique libre et pure, affranchie de préconceptions pédagogiques et de fins morales, tandis que celle-ci n'a rien à voir avec l'esthétique et peut très bien être pratiquée par une personne tout à fait privée de goûts et d'aptitudes artistiques.

7.

La critique éthique, peu préoccupée d'examiner l'impression sensorielle, poursuit et recherche au contraire en toute chose le côté moral et social, patriotique et philanthropique, politique et utilitaire, et se flatte de pouvoir refaire, à l'aide d'un art fictif et apocryphe, le monde et les hommes. Mais le monde l'écoute bruire et s'agiter, et il sourit sceptiquement, en poursuivant son chemin, parce que ni ses dédains ni ses enthousiasmes ne sont point communicatifs : ils manquent de l'élément essentiel, l'image. Ils peuvent, parfois, paraître justes, au point de vue moral et théorique; mais si, par la voie des sens, de la quasi-hallucination fantastique, ils n'éveillent pas des sentiments sympathiques et ne réveillent pas d'égales passions, ils demeurent stériles et vains.

La critique artistique, au contraire, même dans ce champ du sentiment, est un phénomène tout à fait naturel qui jaillit vif et spontané de l'émotion éprouvée réellement et sous forme sensible, qui n'analyse cette émotion qu'au point de vue de sa beauté esthétique, qui ne se propose d'autre fin que de la communiquer telle quelle, bonne ou mauvaise, saine ou morbide, la mettant en relief et en évidence, pour ceux qui n'auraient pas su la trouver, dans l'objet qui l'a produite.

Et ainsi il en est de l'art créateur sentimental. « *Si vis me flere, flendum primum est tibi* ». Le secret d'émouvoir consiste à être ému, et la passion n'est dans le livre, dans le tableau, dans le bronze, que si elle a été d'abord dans les nerfs, dans le sang, dans l'âme.

L'architecte qui trace le plan et dirige la construction d'une villa, d'une caserne, d'un ermitage, d'un
château, d'un hôpital, d'un palais royal, d'un arc
triomphal, sent la joie, la fierté, l'austérité, la superbe,
la tristesse, la majesté, l'orgueil qui sont dans le sujet;
et à tous ces sentiments divers il uniformise le style,
la masse, les lignes, les ornements, les couleurs. Le
peintre romantique et délicat, qui représente en miniature des sourires d'enfants et des idylles platoniques
de jeunes filles, des baisers et des aventures de pages
et de trouvères, des nostalgies d'exilés et des plaintes
de femmes trahies, ne se sert pas des mêmes pinceaux
et des mêmes couleurs que le peintre séditieux et vio-
lent, qui évoque les grandes passions et les suprêmes
douleurs, les sombres révoltes et les cruels massacres,
les foules faméliques et les honteux égoïsmes. Ainsi le
musicien qui compose par inspiration, exprime dans
une forme omnipotente le sentiment qui l'agite; les
braves gens qui le nient, nient la lumière du soleil.
Comment est-il possible de penser et de dire qu'un
nocturne attristé en mineur, une hardie fanfare guerrière, une lente et déchirante marche funèbre, un gai
motif d'opérette, un hymne joyeux populaire, peuvent
s'écrire à cœur également reposé et indifférent, et s'entendre et s'interpréter, s'ils sont vraiment écrits avec
l'âme, en autant de façons et de sens absolument divers
qu'il y a de variétés de spectateurs?

Il reste à noter que bien rarement l'infinie phalange
des sentiments inspirateurs de l'art traverse simplement notre esprit et s'élance immuable dans l'art; le

plus souvent elle s'y arrête et s'y combine, se transformant et se condensant, et sortant sous forme de nouvelle et originale création. Falstaff, Tartuffe, Rabagas, le Cid, Roland, le marquis de Posa, sont la somme et la synthèse de cent et mille maroufles, imposteurs, ambitieux, ou héros, preux, gentilshommes, que l'art a surpris sur nature et laissés comme monument immortel de la bassesse et de la grandeur humaines.

56. — Le style de l'art intellectuel n'est pas le style scientifique seulement, mais il en réunit et en compose les qualités avec celles du style de l'art sentimental; car l'artiste, précisément parce qu'il est artiste, ne travaille qu'avec des sens excités par une impression ou par un souvenir se présentant à lui dans leur plus claire vivacité, qu'avec les affects remués par une émotion ou par un sentiment, palpitants dans la plus grande chaleur de leur actualité.

En résumé, répétons-le, comme le beau intellectuel renferme le beau sentimental et le beau sensoriel, il en est ainsi de l'art qui en émane, et qui, pour cette raison même, est supérieur aux deux autres catégories correspondantes. De même qu'il n'y avait de véritable art sentimental que celui dans lequel l'émotion naissait spontanément de l'image, ainsi il n'y a de véritable art pas même intellectuel, que celui dans lequel la pensée s'engendre de l'émotion, surgie à son tour directement du sens. Aussi réclame-t-on de l'artiste, dans celui-ci, une étendue et une capacité d'esprit, une rapidité et une potentialité d'associations fantaisistes beaucoup plus grandes que dans les autres, et un rare équilibre

du sens avec le sentiment et de celui-ci avec l'intellect.
Pour être poète, dit Ruskin, il suffit de sentir fortement; pour être grand poète, il faut au contraire et
sentir fortement et fortement penser.

Ici le contenu logique, théorique, scientifique, philosophique, imprime en effet au style une nouvelle
marque sévère, précise, réglée, vigoureuse; mais sans
effacer les marques préexistantes, sous peine de sortir
tout à fait du domaine de l'art, ou de tomber, si seulement fait défaut la donnée sentimentale, dans l'art
purement sensoriel, auquel le contenu théorique reste
étranger. Le « Port-Royal » de narcotique mémoire,
qui enseignait en détestables vers la métrique et la syntaxe, n'était certainement pas une œuvre d'art, parce
que celui qui écrivait n'avait vu ni senti rien de vivant,
rien de chaud dans son âme, et n'avait pu, en conséquence, le communiquer à son œuvre.

C'était et c'est au contraire une œuvre d'art, certaine poésie érudite où fleurit, dans la fantaisie du
poète, visiblement l'image, qui se transmet, tout aussi
sensible, à la fantaisie de l'auditeur; mais sans l'émouvoir, parce que le poète lui-même n'était pas ému; et
en l'absence du lien qui unit l'image à l'idée, il résulte
un traité archéologique relié par force et avec peine à
une série agréable de belles et vivaces fantaisies.

57. — L'art intellectuel a ses formes rudimentaires
et primitives, parfois même seulement intérieures et
réduites à la pure conception mentale, dans ces états
de lucidité du penser qui, non rarement, se traduisent
par la splendeur du regard, par une vive animation de

la tête, par une attitude vibrante de la personne, qui révèle la certitude intérieure, la profonde joie du vrai, pour ainsi dire le noble orgueil de l'esprit qui triomphe. Ceux qui alors vous voient vous envient, et vous leur paraissez plus beaux, meilleurs et plus grands; et s'ils vous aiment, ils jouissent, eux aussi, réflexivement, de votre joie. Vous avez fait, sans le savoir, ce que fait l'artiste : vous avez communiqué à un autre votre jouissance intellectuelle.

Ici aussi on passe, de ces reflets amorphes, à un art imitatif intellectuel qui reproduit exactement les modèles extérieurs. Les préparations anatomiques et histologiques et les modèles d'instruments et de machines dont s'enrichissent nos musées et qui excitent l'admiration confiante des visiteurs intelligents, ne sont que des copies fidèles d'après nature, comme les photographies, les dessins, les planches, les vignettes qui illustrent les livres scientifiques dans l'enseignement expérimental. Le maître se fait véritable artiste quand, imitant les procédés de la nature, il renouvelle chez ses disciples le charme sensoriel éprouvé par lui, en stimule le labeur cogitatif avec l'émotion de la curiosité, et en échauffe le penser avec le légitime orgueil d'en avoir surpris de ses propres yeux les secrets.

Et tout cet art qui est vraiment et simplement objectif et expérimental, qui photographie et inventorie la réalité empirique telle qu'elle apparaît directement, sans se préoccuper d'autre chose que de plaire et d'intéresser, laissant en lui à la postérité un document précieux du présent, tout cela est de l'art imitatif intellectuel : simple copie du vrai, mais copie artistique, à moins qu'il ne laisse froids le sens et le sentiment, cas auquel il rentre tout bonnement dans le domaine de la science pure. Cahiers de notes quotidiennes et recueils de lettres, chroniques de journaux et relations de voyageurs, livres de science populaire et discours de littérature conférencière, qui vulgarisent le vrai avec la fascination de la spontanéité suggestive, de l'expression empreinte comme de la craie plastique sur l'impression vivace, qui le renforcent et le pourvoient de détails menus mais caractéristiques, qui l'éclairent de descriptions et de rappels et le réchauffent et l'avivent d'actualité, de passions, de contrastes, et même de scandale, sont autant de formes naturelles et légitimes de cet art encore inférieur, mais déjà grand et puissant, et digne d'une étude profonde.

58. — L'art critique intellectuel est tout autre chose, notons-le encore, que la critique scientifique et historique proprement dite. Celle-ci ne s'intéresse qu'au contenu logique des choses à examiner, aux faits théoriques qu'elles représentent, aux enseignements qu'elles donnent, aux méditations qu'elles suggèrent; elle se préoccupe peu de ce que contient d'agréable et d'émouvant l'œuvre d'art ou l'objet naturel, mais recherche au contraire minutieusement, patiemment, leurs rapports de temps et d'espace avec les œuvres et les objets congénères, pour en établir la genèse, et, par suite, la classification; et elle atteint tous ses buts, quand elle parvient à préciser avec une rigueur mathématique si une chose est nouvelle et jusqu'à quel point, par qui, com-

ment, quand et pourquoi elle a été faite, sous quelles impulsions intérieures et quelles influences extérieures; et ensuite, de quels éléments propres et originaux elle se compose et de quels éléments, au contraire, génialement assimilés ou effrontément dérobés aux contemporains et aux anciens. Travail noble et haut, celui-là aussi, s'il est guidé par l'idée élevée et philosophique d'appliquer les lois de la nature animée universelle et la méthode comparative aux œuvres d'art et aux inspirations des artistes; d'expliquer la substance et le style d'un artiste à l'aide de recherches sur son tempérament physiologique, sur sa famille, sur ses maîtres, sur les vicissitudes de sa vie; de nous rendre compte de l'impression du beau naturel et artistique sur les peuples divers et sur les diverses périodes de la civilisation de chacun, en reconstruisant avec une précision scientifique les temps, les lieux, les mœurs, les institution. Travail stérile et vain, au contraire, travail de subalternes et de désœuvrés, quand il devient une stupide fureur de recherches aveugles, une chasse à l'anecdote sans but, une frénésie chinoise pour les balayures pédantes, une fièvre puérile de collectionneurs de boutons et de timbres-poste substituant un labeur fatigant et énorme d'échine à la haute et sereine satisfaction du vrai savoir qui sait de l'analyse tirer la synthèse, et de la recherche l'idée.

Mais ni l'un ni l'autre de ces travaux ne sont l'art critique intellectuel, parce que ni l'un ni l'autre ne sont de l'art. L'impression sensorielle n'est pas leur source première et préjudicielle, et l'émotion sentimentale n'a pas en eux le rôle qui lui compète, de réunir par les liens de la causalité le penser à l'image. La critique vraiment esthétique n'est, même dans le champ de l'intellect, rien autre chose que l'œuvre d'un homme de goût et de cœur, identique à celle que nous avons déjà décrite pour le sens et pour le sentiment, et enrichie, de plus, de tous les trésors de l'esprit et de la culture. Vivace, donc, et sentie dans l'impression des propres sensations exquises et des propres affects profonds, elle est aussi vibrée et convaincue lorsqu'elle transfuse aux autres les concepts qu'elle tire des objets extérieurs, lorsqu'elle révèle à la foule distraite et profane le mystérieux langage des choses, les voix lointaines des morts, la parole souvent cachée des génies.

59. — Mais l'art intellectuel créateur fait quelque chose encore de plus que tout ceci. Tandis que dans la critique l'élément externe et l'élément interne demeurent distincts, c'est-à-dire que celui qui la fait pose la donnée extérieure telle quelle, non modifiée, et y ajoute ensuite son propre commentaire déclaratif, exposant à part l'élaboration postérieure, méditée, que l'excitation a subie lentement dans son âme après la première impression immédiate, l'artiste, au contraire, l'artiste créateur, confond et combine les éléments externes et les éléments internes, dont il forme une chose nouvelle, originale, personnelle, marquée en conséquence à son style propre, un, compact, nouveau, caractéristique. Telle est sans aucun doute la raison pour laquelle la majeure partie des faits et des choses

ne deviennent bonne matière d'art qu'après un certain laps de temps, quand la mémoire se les est complètement assimilés, isolant la substance pure et brillante des scories opaques et viles qui l'enveloppaient dans la nature; telle est la cause en vertu de laquelle le vérisme, pour être vraiment grand et créateur, doit être assaisonné d'un grain d'exagération qui lui donne relief et saveur, doit être simplifié, réordonné, condensé, éclairé, accentué. Des milliers de faits insignifiants et encombrants doivent être écartés et éliminés; des centaines d'autres, typiques et significatifs, doivent se fondre en un seul; le temps et l'espace doivent se réduire pour ainsi dire à une projection, à une perspective qui illusionnent, émeuvent, convainquent rapidement et puissamment, par leur pouvoir intensif et expansif de forces comprimées et élastiques.

Ainsi, l'architecte ne représente pas dans la pyramide, dans l'obélisque, dans la colonne, dans l'arc de triomphe, dans le temple, — il ne le pourrait qu'en devenant sculpteur, peintre ou écrivain, — tous les faits et tous les fastes des rois glorieux, des peuples dominateurs, des martyrs héroïques, des saints bienfaisants, des génies immortels, des divinités omnipotentes; mais toutes ces choses complexes et nombreuses, concrètes et abstraites, se transforment dans son âme divinatrice, par association mystérieuse de sensations et d'idées, en formes grandioses et synthétiques, en quelques lignes simples, en murailles massives ou en sveltes aiguilles, qui réveillent, en celui qui les regarde surpris, le sens même de l'admiration qui les lui a in-

spirées, la même idée complexe des temps et des
hommes, des institutions et des religions, qui s'était
faite, en lui, unité indissoluble, simple, marmoréenne.

Et la musique? Quelle immense distance, quelle
prodigieuse évolution, quelle transformation profonde
des premiers cris instinctifs et inconscients aux caprices
mélodiques pensifs, aux motifs fins et savants, aux
récitatifs qui parlent comme une langue magique comprise de tous!

De Cervantès, qui en deux seules figures immortelles
personnifie l'éternel dualisme de l'âme, le manque
d'équilibre douloureux entre le vrai intérieur et le vrai
extérieur, la volonté et le pouvoir, la réalité et la
croyance, la vie et le rêve, à Zola, le grand apôtre du
réalisme expérimental, qui relie et scelle la série
magnifique de ses récits par la puissance terrible et
surhumaine de la loi de l'hérédité, que de génie personnel répandu dans le vrai objectif! quelle aspiration
à l'absolu, à l'infini, à l'omnipotent! quelle mesquine
banalité, en comparaison, que le vrai empirique et
quotidien, le vrai sans vie humaine, sans valeur psychologique, sans cortège spirituel, sans rayon d'idéalité!

60. — Et nous voici, par une transition continue,
lente et graduelle, à l'art idéal. Dans cet art, l'idéalité
théorique du contenu est loin d'être suffisante, si elle
n'est pas accompagnée de l'idéalité pratique de la forme.
Cette forme, très difficile ici, doit arriver à concilier les
choses en apparence les plus opposées : l'évocation de
l'image belle et sensible, et l'indétermination, la spiri-
tualité, l'impalpabilité du symbole; le souffle chaud de

l'émotion humaine et terrestre, et le penser profond et abstrait d'une philosophie transcendantale. Autrement, si le premier élément l'emporte trop, comme dans les statues et dans les tableaux religieux et mythologiques de l'école classique, l'idéal même, s'il était dans l'âme de l'artiste, ne se traduit pas dans l'œuvre et échappe en conséquence au spectateur; si, au contraire, l'équilibre se déplace au profit du sentiment, comme cela arrive par l'intervention divine dans l'épopée chevaleresque, bien qu'en gardant l'image comme substratum (faute de quoi l'on n'aurait plus de l'art), l'élément idéal se trouve pareillement absorbé par lui et n'apparaît plus que comme prétexte et ornement des gestes guerrières et des aventures amoureuses; si enfin prévaut trop le penser précis et concret, quoique engendré par le sens et par l'émotion, l'idée métaphysique et surnaturelle qui veut s'y insinuer y reste comme raidie et matérialisée, comme une simple aspiration impuissante à quelque chose de supérieur, tout à fait privée d'efficacité par elle-même. L'éloquence religieuse, par exemple, en offre de fréquentes preuves quand, au lieu d'attribuer au raisonnement la partie moindre qui lui revient par rapport à la commotion et à l'évocation transcendantales, elle lui impose un rôle prépondérant, dont il est tout à fait incapable.

Vice versa, ensuite, si l'élément idéal avait la prétention d'exister par lui-même, de s'élancer d'un effort superbe de n'importe où, hormis des faîtes les plus élevés du beau intellectuel, de la réalité vue, sentie, comprise, et finalement aussi devinée dans sa significa-

tion symbolique et ultra-sensible ; s'il ne passait pas
dans l'art avec tout l'équipement des données d'où il
émerge naturellement, cet élément idéal demeurerait
isolé et étranger à l'esthétique, serait un extravagant
funambulisme théorique froid et faux, ou une argu-
mentation carrément scientifique et indiscutable, mais
ne serait certainement pas de l'art. Celui qui exerce
cet art doit donc être un voyant, un cerveau dans
lequel la réalité, tout en restant sensible, passionnelle
et intelligible, se transfigure au point de revêtir de
nouvelles et mystérieuses, infinies et surnaturelles signi-
fications, tellement assimilées aux nouveaux aspects
qu'il revêt au dedans de lui, qu'il puisse les repro-
duire dans les autres en en traduisant simplement à
l'extérieur les formes changées et en quelque sorte
évaporées.

61. — Regardez un ascète ravi dans ses contempla-
tions ultra-terrestres, un bramine absorbé dans son
nirwana ; observez leurs membres raidis dans une
mystique et presque inquiétante immobilité, leur front
poli dans la stupeur de l'inconscience, leur œil démesurément ouvert dans la vision de l'infini, leurs lèvres
muettes dans l'extase surhumaine, tous les muscles et
toutes les lignes de leur visage dirigés vers l'adoration
hiératique, influencés par le songe hallucinatoire ; et
dites si tout ceci, en tant qu'involontaire et inconscient,
n'est pas un réflexe spontané et suggestif du beau idéal
qui rayonne dans ces âmes privilégiées et ne mérite pas
aussi le nom d'art, du moment que, en le voyant,
vous éprouvez presque soudainement cette fascination

étrange, en même temps qu'un sentiment mystérieux d'éloignement imprévu du monde, dans lequel vous perdez, vous aussi, pour un moment, la notion du temps et du lieu, de la grandeur et du nombre, de la force et de la matière, et entrevoyez, vous aussi, à l'état de lueur incertaine et lointaine, les mondes inconnus et fantastiques d'au delà, et concevez, vous aussi, l'infini, l'éternel, l'immatériel, le divin.

Si ensuite on relie les suggestions motrices aux suggestions sensorielles et les effets aux causes, on comprendra aussitôt comment le spectateur passif tourne facilement, par imitation consciente ou inconsciente, au rôle d'acteur, et produit à son tour sur les autres l'influx idéal qu'il avait lui-même subi. L'hallucination surnaturelle n'est pas moins contagieuse que la persuasion intellectuelle, que l'enthousiasme affectif, que l'illusion sensorielle, puisqu'elle se compose, elle aussi, de tous les mêmes facteurs auxquels s'en ajoutent et s'en imposent simplement d'autres ; c'est le contact matériel des autres croyants, c'est le souffle spirituel qui émane de leur âme collective, c'est la palpitation et la respiration, le murmure et le tressaillement de toute une foule, qui nous montent à la tête, qui triomphent de nous, qui nous conquièrent malgré notre résistance, qui nous font faire ce que font tous les autres, qui nous contraignent à un rôle destiné à contribuer, lui aussi, à l'hallucination des autres, tout en ne correspondant pas à notre vraie, intime et durable conviction.

D'autres fois, au contraire, cette reproduction du beau idéal est pensée et voulue, quoique encore empi-

rique et immédiate, copie fidèle et précise du fait extérieur. Celui qui a vu un feu follet s'évanouir dans les
ténèbres ou une ombre de formes humaines passer
silencieuse et impalpable sur un mur ; celui qui a
entendu une vieille commère narrer à voix profonde
et basse, en retenant presque son souffle, aux enfants
charmés et tremblants, les fables antiques de sorcières
et de lutins, d'anges et de démons ; et tente de repro-
duire à l'aide des petites flammes bleuâtres vacillantes
de l'alcool, dans les candélabres voilés de deuil pour
les funérailles, la pâle lumière qu'il a vue dans la
nature ; et se plaît à simuler au moyen de miroirs et
de lentilles des apparitions de spectres et d'anges, et
même, ensuite, les photographie ou les peint ; et fixe
en prose ou en vers la voix, les gestes et les récits fantastiques de la petite vieille, sans les gâter par des
retranchements ou des additions et en en conservant
au contraire fidèlement la naïve tournure populaire et
archaïque, — celui-là fait de l'art déjà supérieur à l'art
de celui qui subit un réflexe spontané de son propre
organisme, mais néanmoins inférieur à l'art de celui
qui crée quelque chose de personnel et de nouveau. Il
fait de l'art idéal, mais purement et simplement imitatif.

62. — Ici trouve place la quatrième et dernière
forme de critique, la critique idéaliste ; laquelle est la
pire ou la meilleure, selon qu'elle exclut et renie ou
accepte et comprend les trois autres formes que j'ai
d'abord discutées, et selon qu'elle tient ou non pour
élément essentiel et nécessaire du beau, son contenu

idéal. Très mauvaise dans le premier cas, elle n'est
plus de la critique esthétique, elle n'est plus de l'art,
elle n'a plus de puissance suggestive et communicative,
mais tombe dans le domaine fanatique et intolérant du
dogme, du mysticisme, de la métaphysique, et excom-
munie au lieu d'interpréter, brûle au lieu d'éclairer;
c'est la critique inquisitrice et tyrannique qui exclut du
beau non seulement toute chose qui n'est pas surnaturelle, mais en chasse aussi toute chose qui n'est pas
telle suivant son goût; la critique iconoclaste et bestiale
de Torquemada et d'Omar, qui condamne aux flammes
les trésors de l'art païen, les statues des divinités de
l'Olympe, les mythes gais et sereins du peuple hellé-
nique, uniquement parce qu'ils ne sont pas absolument
d'accord avec la Bible de Moïse ou le Koran du Prophète.

Pire encore est cette critique, dans le troisième cas,
qui, — bien que déjà critique esthétique, puisqu'elle
se donne la peine d'examiner les beautés sensorielles,
émotives, rationnelles des choses qu'elle étudie, de les
mettre en évidence, de les faire apprécier et goûter
des autres, — détruit cependant le plus souvent tout le
bien qu'elle avait fait jusque-là, en exagérant la valeur
du contenu idéal, et, ce qui est pire, en imposant l'impression du laid là où, au contraire, il n'y avait que
celle de l'impie; c'est-à-dire en écrasant, elle aussi,
l'esthétique sous le poids de la métaphysique et de la
théologie.

Elle est au contraire excellente et constitue, dans le
deuxième et dans le quatrième cas, vraiment un art cri-

tique libre et exempt de préjugés, impartial et serein, quand elle se propose le seul et unique but de toute critique esthétique, celui de faire goûter aux autres dans leur complète intégrité, comme le critique lui-même les a goûtées, les beautés multiformes d'un objet ou d'une œuvre. C'est là la grande et sûre critique de l'avenir, la critique esthétique vraiment et totalement psychologique, qui réclame de celui qui la pratique un rare équilibre de facultés et de puissances, un patrimoine non commun de souvenirs et de fantaisies, une perfection de sens, une mobilité de sentiments, une richesse de connaissances, une étendue d'idéals, que l'on ne trouve certainement pas souvent réunis en un seul individu. Mais celle-ci, lorsqu'elle a lieu, pratique l'analyse esthétique de la seule façon complète et parfaite qui existe; elle recherche tout d'abord si la chose plaît à ses sens, pourquoi et en quelle mesure, et si elle peut et doit plaire à autrui; et si elle ne trouve rien d'autre, elle s'en contente, parce qu'elle reconnaît que c'est la seule condition essentielle du beau; elle examine ensuite, subordonnément, s'il y a quelque chose qui s'accorde avec ses sentiments et avec ceux du public, et, quand cela se produit, elle communique à celui-ci les émotions que, distrait, il n'avait pas éprouvées de son propre chef; puis elle procède de même pour le contenu intellectuel, quand il existe, en reconnaissant aussi qu'il n'est pas nécessaire; et enfin, mais enfin seulement, elle découvre et révèle, s'ils existent, les rapports de l'objet qu'elle étudie avec les idéals du petit nombre, ou avec la foi ou la superstition du grand

nombre, ou avec la petite ou grande quantité de mysticisme que nous avons tous dans l'âme, pour beaucoup
de raisons anciennes et récentes.

C'est la critique qui prend pour sienne la devise :
« Tous les genres sont bons, hors le genre ennuyeux » ;
qui va au but, affranchie de dogmes et de préjugés,
libre et sincère, s'étendant si haut, que nulle épaisse
muraille scolastique n'en limite les horizons, que nulle
lumière trop forte ou trop voisine n'en offusque la vue
en éclipsant les lumières plus modestes ou lointaines,
que nulle rumeur d'applaudissement vénal ou vulgaire
n'en étourdit les oreilles et n'en fausse le jugement.

63. — Mais l'art, l'art idéal, crée tout ceci. Il en
rassemble les éléments multiples et épars dans le
monde matériel et phénoménique, et sans les défigurer,
sans les appauvrir d'évidence, de passion et de vérité,
y infuse son âme, ses rêves, ses visions surnaturelles,
les change en symboles mystérieux de l'insaisissable,
de l'incognoscible, de l'inexprimable.

Art idéal sont les immenses et obscures cathédrales
gothiques aux longues nefs mystérieuses, aux voûtes
audacieusement élevées, aux étranges lumières coloriées, aux lampes lointaines jetant une pâle lueur, aux
ogives maigres et nerveuses ; les sphinx mystiques et
immobiles s'étendant gigantesques au milieu du désert ;
les monstrueuses et terribles divinités orientales aux
yeux vides et aux cent bras, taillées dans la roche
vive de la montagne ou dans la profondeur des hypogées de l'Inde ; les saints émaciés, les apôtres à l'air
sombre, les évangélistes, les prophètes et les martyrs

byzantins aux longues et raides chapes hiératiques,
aux visages épouvantés et funèbres, aux regards ten-
dus et ravis dans la contemplation de l'abîme d'outre-
tombe; les madones divines et les séraphins incorpo-
rels que Fra Angelico entrevoyait dans ses délires et
qu'il dessinait et peignait à genoux, en adorant; les
grandes épopées wagnériennes, qui font revivre les
légendes et les divinités germaniques et dans lesquelles le *leitmotif* constitue comme un souffle spirituel
autour de chaque personnage, l'annonce, l'enveloppe,
le suit, le représente, comme un pressentiment, comme
un destin, comme un souvenir; la *Divine Comédie*,
« *il poema sacro — al quale han posto mano e cielo
e terra* », et qui chante, dit Giosuè Carducci, « les plus
hautes choses de la vie, les plus hauts pensers des
hommes, les plus hauts secrets des âmes, et non de
l'âme du poète, non de telles et telles âmes, mais de
toutes les âmes ».

LIVRE IV

LES FACTEURS SUBJECTIFS DE L'ART

CHAPITRE VII

LES FACTEURS INTRINSÈQUES

64. — « L'art est l'homme ajouté à la nature », a
dit Bacon de Verulam; ou, en renversant les termes,
l'excitation externe passée agréablement par le sens,
et, subordonnément, par l'esprit de l'artiste, marquée
ineffaçablement de son « moi », et reprojetée à l'extérieur. L'art aussi, par conséquent, est, comme le beau,
et pour la même raison, soumis aux conditions intérieures héréditaires et personnelles et aux circonstances
extérieures dans lesquelles l'artiste conçoit et produit.
Si les facteurs de l'impression sont si nombreux, si
variés et si complexes, que l'on peut presque dire
qu'un même objet ne fait jamais une égale impression
sur deux individus différents, ni même sur le même
individu à deux moments différents, on comprendra

bien que, les images du monde que chacun voit et sent dans son « moi » intime étant différentes, non moins différentes devront en être les extériorisations dans les œuvres d'art; et plus encore, infiniment plus, faut-il ajouter, puisqu'ici, à la variété de la sensation et de la compréhension, doit s'associer et se combiner aussi celle de la conception et du travail. Chose qui, si elle fait de l'esthétique une science très haute et très difficile, ne doit en rien, il me semble, ainsi que le voudraient quelques-uns, en amoindrir la puissance et la valeur, au point de rendre sceptiques et défiants à son égard, comme on le voit, tant de philosophes et d'artistes. La météorologie et la médecine, l'éthique et la politique, par exemple, ne sont-elles pas tout aussi difficiles et compliquées?

De l'art chez les animaux, j'ai déjà fait çà et là quelques mentions qui suffiraient à elles seules pour démontrer comment chaque espèce possède un art à elle caractéristique, lequel, avec des éléments variés et prépondérants, communs à l'art d'un petit nombre, de plusieurs, de beaucoup ou d'un très grand nombre d'autres espèces, en a cependant de propres et de distinctifs qui le différencient de lui. Chez les singes, par exemple, prédomine l'art mimique imitatif, chez les perroquets, au contraire, l'imitation vocale; chez les vers-luisants et chez les mouches, la danse chorale; chez les abeilles et chez les araignées, une sorte particulière d'architecture. Grillons et cigales, conirostres et lésinirostres, s'extasient et s'étourdissent dans une musique d'amour pleine d'espérances et de promesses,

8.

tandis que tritons et basilics, paons et oiseaux de paradis, font parade de livrées dorées, de jolis panaches,
de huppes bigarrées.

65. — Dans les grandes divisions du genre humain se
répètent les mêmes divergences, mais d'autant moins
profondes, cela est facile à comprendre, que diffèrent
moins leurs organes de sens et de mouvement. Architecture, sculpture, peinture, musique, danse, poésie,
sont bien différentes, par le contenu et par la forme,
chez les hommes de race noire, de race jaune, de race
blanche; et, en même temps, toujours plus séparées et
plus distinctes entre elles, toujours plus parfaites de
technique et plus spiritualisées de sujet, et toujours
plus dotées, en chacun de leurs produits, de caractères
différenciés, d'empreintes styliques, de personnalité
individuelle, à mesure que nous passons graduellement, des races infimes, aux races supérieures et plus
nobles.

Puis, même dans le cercle d'une race seulement,
chaque nation a son génie et son style distinctifs et
spécifiques. Le peuple hébreu, hiératique par nature,
aime de prédilection les sujets religieux et la musique
biblique et mystique, et il suffit de penser à Meyerbeer
et à Goldmark, à Halévy et à Franchetti, pour la
trouver en prépondérance absolue dans leurs œuvres;
l'Angleterre, la Russie, l'Espagne n'eurent jamais un
grand compositeur, tandis qu'en Italie, en France, en
Allemagne, fleurit spontanément la Muse des sons, qui
y produit les plus grands chefs-d'œuvre du monde.
L'art germanique tout entier a encore quelque chose

d'ingénu et de métaphysique à la fois, de puéril et de nébuleux, de primitif et de grotesque, qui fait sourire et met en désarroi notre penser latin sceptique, malicieux et positif. Regardez au contraire l'art toscan : comme il est net et simple, gentil et paré dans toutes ses plus diverses manifestations !

Mais, de même que pour le goût, ainsi pour l'art, chaque civilisation parcourt, chez chaque peuple susceptible d'évolution psychologique, sa parabole ascendante, culminante et descendante. D'où il advient que, en tout lieu et pour chaque art, nous voyons se former lentement, laborieusement, la technique, et se constituer les normes et les styles, se varier les manières, s'enrichir la matière, s'ennoblir la substance, se populariser les aptitudes et l'exercice de la production; cela, jusqu'à un moment suprême et heureux, jusqu'à un siècle d'or, jusqu'à Périclès et à Auguste, à Laurent le Magnifique et à Léon X, à Élisabeth Tudor et à Philippe II, à Louis XIV et à Frédéric le Grand; puis, le génie étant épuisé et le goût corrompu, nous voyons l'art décliner et déchoir dans le maniéré et dans le faux, dans l'enflure et dans la convention, jusqu'à ce que la lassitude et la nausée surviennent, et que par une dissolution, par un anéantissement général, se régénère encore, après une plus ou moins longue léthargie purificatrice, un nouveau cycle d'art. En attendant, la sincérité, l'ingénuité, la spontanéité sont des caractéristiques constantes et communes des peuples jeunes, comme celles des primitifs étaient les formes lourdes mais simples, uniformes mais vraies; ici se

répète exactement la loi déjà formulée pour l'esthétique artistique comparée entre les races inférieures,
moyennes et supérieures, de la marche constante du
simple au compliqué et de l'uniforme au varié ; et de
même que l'individu, décrépit, redevient enfant, ainsi
l'art des peuples en décadence retourne à l'enfance
et retombe dans le moule unique, dans la formule
immuable et académique.

66. — Il n'est pas besoin, d'ailleurs, pour cette
comparaison, de recourir aux lointaines tribus boschi-
manes, malaises ou lapones. Chez nos grossiers montagnards séparés du monde civilisé, chez les classes
sociales les moins cultivées et les moins intelligentes,
chez la masse bourgeoise même industrielle et bouti-
quière des villes de province, nous retrouvons toujours
confirmé ce même principe : variété, complexité, origi-
nalité, croissant avec l'élévation de la classe, prise,
cela s'entend, dans sa masse totale, et abstraction faite
des cas spéciaux et des divergences exceptionnelles.

De beaux et lucides exemples en sont donnés, d'un
bout de l'Europe à l'autre, par le *folk-lore*, les légendes, les fables, les proverbes, la musique, les chansons, les inscriptions et les dessins sur les murs des
casernes ou des sanctuaires, et, au total, par tout le
petit art anonyme si uniforme et si impersonnel, quand
il est vraiment spontané et affranchi d'infiltrations
scolastiques et érudites : par lequel on voit comment
les montagnards, les bûcherons, les marins, les ber-
gers, les artisans, les mineurs de tous les pays pratiquent un art beaucoup plus semblable entre eux que

celui de ces différents travailleurs dans un même pays,
et beaucoup plus semblable, surtout, à celui des peuples à peine au début de leur civilisation qu'à celui des
vrais artistes et dilettantes contemporains ; poésie très
souvent immorale ou tout nettement criminelle, ainsi
que l'a observé Pitré, dans laquelle la rime et l'assonance se montrent, comme chez les peuples encore
demi-barbares, beaucoup plus développées que le mètre
et l'accent; dessin dans lequel triomphent et prédominent, comme chez les Syriens et les Égyptiens, les
Mèdes et les Phéniciens, le symbole phallique et le
vérisme pornographique, et dans lequel la perspective,
les proportions, les rapports, sont sacrifiés à une logique tout à fait primitive et rudimentaire ; art, en somme,
qui démontre jusqu'à l'évidence comment la civilisation d'aujourd'hui, dont nous faisons si grand bruit,
n'est encore qu'une exception de quelques races supérieures qui devancent l'évolution du genre humain, et,
parmi celles-ci, un privilège de quelques classes aris-
tocratiques et dirigeantes, qui remorquent et poussent
avec peine les autres, telles qu'un troupeau inconscient
et regimbant, vers les gloires de l'avenir.

67. — Dans beaucoup de familles, ensuite, plus spécialement, certaines aptitudes artistiques se transmet-
tent avec le sang du père au fils et de l'aïeul au petit-
fils. L'histoire entière de l'art regorge d'exemples de
ce genre. Deux, trois, quatre générations consécutives
d'artistes-nés et géniaux se donnent la main, en conservant et en accroissant la réputation et la gloire du
nom des aïeux. Ce sont les Taglioni et les Vestris dans

la danse; les Sangallo, oncles, neveux, frères, tous fameux architectes; les Ortensii, les Médicis, les Mirabeau, les Pitt, dynasties d'orateurs; les trois Sévigné, épistolographes délicieuses; puis des peintres en nombre infini : les Pisani, les Orcagna, les Sanzio, les Bellini, les Vecelli, les Mantegna, les Allegri, les Caliari, les Carraches, les Francia, les Teniers, les Van Dyck, les Van der Velde, etc.

Et, *vice versa*, à côté de ces phénomènes d'hérédité directe des aptitudes artistiques acquises, le phénomène pathologique de l'hérédité atavique la plus reculée. Vous rencontrez en effet parfois, en pleine civilisation, un malheureux ou une famille entière dégénérée qui se tatoue la peau comme les Papous, qui se donne carrière en conceptions monstrueuses, en dessins troglodytes, en vilaines figures grotesques et terribles, en hurlements et charivaris bestiaux, absolument semblables à ceux des plus dégradés sauvages et des peuples préhistoriques les plus primitifs. Dans les prisons et dans les asiles d'aliénés, dans les hospices d'idiots et dans les maisons de tolérance, Lombroso a trouvé de quoi fonder une véritable paléontologie psychologique et esthétique : une poésie, une peinture, une plastique qui reproduisent avec une prodigieuse exactitude les commencements les plus obscurs de tous les arts, un mélange de férocité et de pornographie, de vanité et de stupidité, de mysticisme et de cynisme, qui nous rend vivante et palpitante, après des dizaines et des centaines de siècles, l'âme entière de nos ancêtres les plus reculés.

68. — Il faut redire la même chose par rapport à l'âge : c'est toujours la même loi, parce qu'il s'agit toujours des mêmes causes ramenant les effets accoutumés. Dans la psychogénie esthétique aussi, dont Bernard Pérez nous a donné une brillante monographie, l'évolution psychologique et physiologique de l'individu récapitule celle de l'espèce et en renouvelle fidèlement, en conséquence, les phénomènes. Visitez les écoles primaires et observez-en les bancs et les murs, feuilletez les cahiers, tout pleins de bonshommes, des gamins qui les fréquentent, et écoutez les récits qu'ils inventent avec tant de désinvolture ; observez les fillettes qui jouent avec leur poupée leur rôle de petites mamans, et les gribouillages que tracent sur les murs des maisons, dans les rues, les gavroches à Saint-Pétersbourg et à Lisbonne, à Stockholm et à Athènes : vous ne les distinguerez probablement pas les uns des autres, quelque profonde que soit, au contraire, la différence de l'art des adultes dans ces diverses villes. Partout le même développement, parallèle à celui des peuples. D'abord l'homme seulement est l'objet de toutes ces tentatives malheureuses et archaïques, et même l'homme réduit à la seule tête et aux seules jambes et qui à peine lentement et graduellement se complète, se proportionne, se perfectionne ; puis les animaux domestiques, ensuite les chariots et les barques ; presque jamais les arbres, les montagnes, les fleuves, la mer, le paysage. Les enfants, le vulgaire, les peuples antiques ne sentent jamais fortement et humainement celui-ci, comme nous le sentons ; et, conséquemment, ils ne

le représentent jamais que comme fond accessoire et
évaporé de l'existence et des passions de l'homme.

Ensuite, les premières impressions, les enthousiasmes, les hardiesses juvéniles réchauffent, colorent,
avivent l'art; et la technique, déjà plus franche et plus
sûre, obéit à l'inspiration spontanée, abondante. L'histoire de presque tous les artistes supérieurs nous donne
leurs œuvres capitales, leurs travaux coulant vraiment
de source, dans la période la plus robuste de leur vie
physiologique, excepté quand les circonstances extérieures les en ont alors détournés; les enfants prodiges
qui devancent les années par leur génie précoce, et les
vieillards sublimes qui conservent intactes leurs forces
créatrices au déclin de l'âge, ne contredisent cela en
rien : les premiers précipitent leur évolution et s'épui-
sent plus tôt, ils meurent très jeunes encore à l'art,
sinon à la vie physique; les autres se révèlent plus
tardivement, ou travaillent lentement, paisiblement et
à longs intervalles, ou possèdent une fibre suffisamment
robuste pour résister longuement à la rude tension, aux
secousses, aux fièvres, aux délires sublimes de la création; cela signifie que, pour eux, les années sont doubles et triples en durée que pour les autres, et que,
s'ils meurent à soixante-dix ans en pleine possession
de leur génie, ils meurent jeunes encore; sinon, eux
aussi, fatalement, devraient déchoir et s'atrophier.

Chez presque tous les animaux, et pour les raisons de sélection sexuelle que nous avons déjà indi-
quées un peu plus haut, le mâle est plus beau que la
femelle et cultive plus qu'elle les arts de l'ornement,

des couleurs et des formes, de la musique et du chant.
Il n'en est pas autrement chez l'homme et la femme,
non pour des raisons sociales, comme le prétendent
quelques-uns, mais pour ces seules raisons génésiques
et naturelles. Quand même la femme, par puissance
quantitative de sens, de sentiment, d'intelligence,
d'idéalité, vaudrait l'homme, elle différerait en tout
cas de lui qualitativement, et son art serait tout autre.
La femme, plus faible physiquement, destinée par son
sexe même à jouer dans l'amour et dans la génération,
et par là dans la vie et dans la société, un rôle tout à
fait différent, doit naturellement voir le monde à un
point de vue tout à fait sien, et le représenter comme
elle le voit. Par exemple, la femme est impropre au
comique, à l'humoristique, au spirituel, au grotesque ;
parmi tant de fameux bouffons de cour, on ne trouve
pas une femme ; parmi tant de plaisants personnages
dramatiques, jamais une femme n'a, de la scène, égayé
le parterre ; parmi tant de femmes peintres et écrivains,
il n'y a pas même une seule caricaturiste ou satiriste
fameuse.

Mais les différences entre l'art viril et l'art féminin
ne sont pas seulement des différences de qualité. Comparez les plus grandes poétesses et romancières, je
ne dis pas aux plus grands poètes et prosateurs, mais
même à ceux de second ordre, et il restera toujours
encore entre ceux-ci et celles-là une belle distance ;
on peut citer des actrices et des cantatrices, des
exécutantes et des danseuses excellentes, mais pas une
seule poétesse dramatique ou une musicienne, pas une

seule compositrice d'opéra ou de ballets même médiocre. Et où trouvez-vous une femme qui soit grand peintre, grand sculpteur, grand architecte? Les bijoux même, les étoffes, les dessins de l'ornementation féminine, mais ce sont les hommes qui les font!

« Il n'y a pas de femmes de génie », dit M. de Goncourt; « lorsqu'elles sont des génies, elles sont des hommes ». Elles sont (Lombroso l'a démontré à grand renfort de documents) des viragos aux traits masculins, aux manières libres, à la voix forte, au regard résolu, à la physionomie sexuellement neutre, qui ont outrepassé au physique et au moral le moment où l'embryon est mûr pour femme, et n'ont atteint qu'en partie celui où il arriverait à être complètement homme.

69. — Nous tous, inconsciemment et continuellement, nous faisons de l'art, en parlant, en gesticulant, en écrivant, en nous habillant, en marchant, en remuant, en travaillant; si, en coupant du papier pour écrire, en pliant un journal, en déposant des livres sur notre bureau, nous prenons soin que les feuilles soient égales, que les plis soient rectilignes et normaux, que les côtés des livres demeurent parallèles entre eux et avec les côtés du bureau, nous aurons fait de l'art, parce que nous aurons obéi à la suggestion d'antiques images régulières, c'est-à-dire belles, que déjà nous tenions enregistrées dans notre mémoire.

Or, jusqu'ici, nous n'avons encore fait qu'obéir à un instinct esthétique, c'est-à-dire à une habitude héritée d'une longue série d'aïeux civilisés et confirmée par la pratique de toute notre existence; mais, chez d'autres

privilégiés, cet instinct est infiniment plus vif, cette apti-
tude est extraordinairement accrue. Normaux dans les
autres branches de leur activité productive, ils obéis-
sent, dans une ou plusieurs, à des impulsions beaucoup
plus impérieuses et intenses que l'ordinaire, qui non
seulement dirigent, mais souvent déterminent fatalement et irrésistiblement tout le rouage de leur volonté,
jusqu'à les contraindre à donner à leur vie une direction différente de celle qu'auraient voulue leurs conditions de famille, leurs intérêts, leurs sentiments, leur
raison, leur foi; jusqu'à briser toutes les chaînes, à
abattre tous les obstacles, à fouler aux pieds tous les
préjugés, pour suivre leur destin.

Eh bien! il y a un mot sublime et métaphysique qui
exprime ce besoin suprême, cette force invisible, ce
fatum omnipotent; ce mot est : vocation. Celui qui fait
de l'art autrement, à ses heures perdues, par distraction, par goût, est certainement artiste, quoi qu'en disent
ceux pour qui l'art est quelque chose de mystique et
d'indéfinissable; mais son art est un dilettantisme
modeste et servilement imitateur. Celui qui fait de l'art
sur commande, par ambition, par vanité, par gain, par
propagande, par prétextes et par impulsions étrangers
à l'esthétique, par fins secondes de n'importe quelle
nature qui ne sont pas la passion et le culte de l'art en
lui-même, celui-là est artiste encore, et artiste indéniable, quand dans son œuvre subsiste un rayon quelconque de beauté; mais son art n'est qu'un vulgaire
et pauvre métier. Autre est un versificateur, autre un
poète; autre un philodramatique ou un philharmonique,

autre celui qui se consacre tout entier, avec un enthousiasme ardent, au théâtre et aux muses; autres l'aqua-
relliste enjolivé, la petite dame qui forme avec ses
mignons doigts blancs des brimborions en craie, autres
le peintre qui, fébricitant en face de la divine nature,
cherche d'une main tremblante les couleurs sur sa
palette, le sculpteur qui demande l'idée à la pierre
muette et transfuse dans le bronze son âme créatrice.

70. — Et voici que de nouveau se présente la grande
question du style, mais sous un aspect neuf et plus
élevé : celui de la personnalité. « Le style est
l'homme », dit une maxime du grand Buffon, un
peu altérée par la postérité; et ce mot intègre et complète, loin de le détruire et de le contredire, cet autre
mot que déjà nous avons vu attribuer à Voltaire, que « le
style est la chose ». De même que dans le caractère
matériel de l'écriture, dans la forme, dans la grosseur,
dans l'inclinaison, dans la distance, dans l'attache des
lettres, se révèle le tempérament physique et psychique
de qui écrit une page, ainsi, dans la syntaxe, dans la
ponctuation, dans la liaison de la phrase et de la
période, dans la structure du vers et de la strophe,
transparaissent l'esprit et l'organisme de celui qui compose; dans le dessin, le clair-obscur, le coloris, de qui
peint; dans la technique variée et multiple de qui fait
de la musique, de qui sculpte, de qui bâtit. Il en résulte
que ceux qui ont le caractère peu accentué et peu personnel, comme, le plus souvent, les enfants, les sauvages, les êtres primitifs, le vulgaire, n'ont qu'un
style uniforme, commun, banal, conventionnel, et que

celui-ci se fait d'autant plus individuel et original, que l'artiste diffère de corps et d'âme de ses semblables ; au point de porter dans tout son mouvement, dans toute son attitude, une empreinte si profonde, une marque si personnelle, qu'elles sont de nature à faire reconnaître à première vue l'auteur dans chacune de ses œuvres, parmi cent, parmi mille qui traitent aussi le même sujet.

71. — Ici nous touchons à un autre problème plus ardu et difficile et plus controversé : celui de la nature du génie et de ses affinités avec le talent, la folie, les phénomènes dégénérescents.

Que le génie, dans le sens limité et sublime du mot, soit une anomalie, une exception, un déséquilibre des facultés, cela est indiscutable. Il reste seulement à examiner s'il est une variété psychopathique à part, une singularité morbide, ou pas plutôt une admirable exaltation constitutionnelle de quelques-unes des fonctions cérébrales ordinaires, une heureuse hypertrophie de tels ou tels éléments nerveux ; car toute autre explication métaphysique et animiste gratuite et non contrôlable est hors de question pour nous.

A présent, le problème posé en ces termes clairs et précis, je n'hésite pas à tenir pour la seconde solution. Je ne nie (et il faudrait être aveugle ou de mauvaise foi pour le faire) aucun des puissants arguments de Moreau de Tours, ni des faits rassemblés avec tant d'érudition et proclamés avec tant de courage par notre Lombroso dans son *Homme de génie* ; je reconnais pleinement que le vrai génie (tout autre chose que le talent, si immense qu'il soit), le vrai génie devin et inconscient, impétueux et synthétique, a en commun avec l'épilepsie, avec la folie, avec le délire, l'irritation extraordinaire de l'écorce cérébrale, et en conséquence, très fréquemment, des vertiges et des convulsions, de l'excitabilité et de l'irascibilité, des distractions et des hallucinations, et, par-dessus tout, des alternances de crises violentes et irrésistibles, d'accès inspirés et involontaires, avec de longues accalmies oublieuses de ce qui a précédé, avec des prostrations inertes et profondes.

Mais, ceci admis, compris et attesté, il reste toujours que, au fond de ces crises, de ces accès, le génie crée, dans un état de surhumaine clairvoyance, des choses immortelles qui tôt ou tard s'imposent à tous, tandis que la folie ne produit que d'étranges radotages qui, plus on les étudie, apparaissent davantage monstrueux et ataviques; il reste que le génie, dans une puissante concentration de la mémoire, dans une synthèse prodigieuse de mille sensations extérieures récentes et anciennes, devance l'avenir et s'élance au-dessus de son temps, tandis que le dégénéré, dans un enténèbrement pitoyable de ses souvenirs, dans une désagrégation lamentable de son « moi », retourne au passé et descend souvent au niveau d'une brute. Si donc il est permis d'inférer de la diversité des effets la différence des causes, il faut conclure que le génie est bien un phénomène anormal comme la folie, mais en sens contraire : prophétique, et non dégénérescent. Et ces vues ne peuvent être infirmées par la circonstance indéniable de l'alternance non rare du vrai génie avec la

vraie folie, ou de la succession soit de celle-ci, soit d'une
lente et fatale imbécillité, aux plus superbes essors de
celui-là, puisque, répétons-le, le génie est une telle
exaltation de toute la psyché ou d'une partie d'elle, qu'il
est bien naturel qu'il imprime une secousse à l'équilibre
normal des fonctions nerveuses et dérange la paisible
harmonie de la vie physiologique; comme il est naturel
que parfois la fièvre démente, s'abattant en un angle
sain et robuste des centres, en tire aussi un éclair
génial; et qu'enfin la longue tension, l'excès d'activité
débordante, l'abus de toutes les forces mentales et somatiques, produisent à tels moments l'épuisement absolu,
la paralysie progressive, l'enténébrement profond et
mortel.

72. — Je crois, d'ailleurs, qu'une grande lumière
sur la question du génie pourrait être jetée non seulement
par l'étude objective et expérimentale des génies en
particulier, mais plus encore par celle de l'état spécial
tensif et hyperpsychique dans lequel travaille l'artiste-
né, l'artiste de vocation; et ainsi apparaîtrait non moins
instructif l'examen des enthousiasmes géniaux qui s'em-
parent parfois de personnes médiocres, étrangères à tous
les arts, ou de talents vulgaires qui ont en vain lutté et
lutteront ensuite toute leur vie pour s'élever un moment
encore hors de la mer sans limites de la médiocrité;
enfin on ne devrait pas exclure non plus quelque
recherche sérieuse positive sur la poésie et sur l'art
des hypnotisés, des somnambules, des médiums en état
de sommeil magnétique, poésie et art fréquemment très
différents de ceux qu'ils pourraient pratiquer à l'état de

veille, et incomparablement supérieurs à eux; tous faits de suprême importance pour nous et bien dignes d'une recherche psycho-physiologique, puisque je suis bien certain qu'on en trouverait le ressort secret dans un état spécial du chimisme, de l'irrigation sanguine, de la dynamique thermique ou électrique du cerveau, déterminé à son tour par des déplacements de conditions viscérales et sensorielles, légères ici et exceptionnelles, profondes au contraire et périodiques dans les vrais génies. Nous les verrons d'ailleurs bientôt, ces conditions, en parlant de la sensibilité, de la moralité, du talent, de l'idéalité de l'artiste.

Notons ici, pour l'instant, qu'une condition essentielle de l'art créateur est la mémoire intense et quasi hallucinatoire, qui souvent équivaut à la perception immédiate, et parfois même, la simplifiant et l'épurant, la surpasse en évidence et en vigueur; que de cette mémoire nette et prompte dépend absolument la fantaisie, qui est la même puissance créatrice, c'est-à-dire combinatrice des mémoires prises à part et empiriques; et encore, que la mémoire des signes, des paroles, des rythmes, des couleurs, des menues nécessités techniques, la mémoire organique des nerfs et des muscles, est celle qui fait de tous les organes de l'artiste autant d'instruments coordonnés de précision, et de son labeur un miracle de dextérité et d'habileté.

Observons enfin que la force, la persistance, l'équilibre de la volonté, dans toutes ses formes conscientes et inconscientes, supérieures et inférieures, incitatrices et inhibitrices, sont d'autres facteurs importants de l'art, tantôt déterminant l'attention aux plus menus, et, pour le vulgaire, aux plus insignifiants phénomènes externes et internes; tantôt arrêtant la distraction que mille causes étrangères au travail pourraient donner, et l'inutile dispersion de forces qui s'ensuivrait; tantôt enfin, triomphant de toutes les forces contraires du public et de la critique, du besoin et des convenances, des perroquets flatteurs et des sirènes fourvoyantes.

73. — Le style est l'homme, avons-nous dit; et, avant tout, l'homme physique, le tempérament. Il y a un style et un art pléthoriques, nerveux, bilieux, lymphatiques, équilibrés.

Charcot a découvert et prouvé que chez bien peu de personnes, et d'autant moins nombreuses que plus élevée est la race à laquelle elles appartiennent, les sens ont une part à peu près égale dans la formation des mémoires, et, en conséquence, du caractère sensoriel. Chez le plus grand nombre, l'un ou l'autre prédomine décidément; ce qui donne des visuels, des auditifs, des tactiles, des gustatifs, des olfactifs, qui, s'ils sont appelés à l'art, seront décidément plutôt peintres, musiciens, sculpteurs, ou même — qu'on ne s'en scandalise point — gastronomes ou parfumeurs; et non seulement cela, mais, selon que dans la vue prédomine le contour ou la couleur, la tache ou le clair-obscur, et dans le son le rythme ou la note, le motif ou l'ensemble, deviendront de préférence dessinateurs ou coloristes, tachistes ou faiseurs d'effet, poètes ou compositeurs, mélodistes ou harmonistes. Heureux les quelques élus auxquels la nature généreuse a prodigué

en même temps tous ses trésors, en les maintenant
dans un serein et presque divin équilibre! Le génie
italien, versatile par excellence, en donne les plus splendides exemples; il compte par douzaines ses grands
hommes, tour à tour peintres, sculpteurs, architectes,
musiciens, poètes, céramistes, joailliers : Cimabue et
Giotto, Léonardo et Michel-Ange, Bramante et Ghi-
berti, Della Robbia et Cellini, Salvator Rosa et le
Bernini.

Il faut dire la même chose de la facétie, du comique
inné. C'est un don spécial, une contexture particulière
des centres, en vertu de laquelle les impressions les
plus disparates s'associent bizarrement entre elles et
composent des images neuves et plaisantes, anormales
et disproportionnées; c'est une heureuse disposition de
lignes extérieures, de nerfs et de muscles moteurs, qui
rend possible à qui en est doté d'exprimer naturellement, simplement, sans aucun effort, ce mode singulier
de concevoir, et d'égayer le spectateur ou l'auditeur
par le seul son de sa voix, par le seul mécanisme de
son geste, par deux seuls traits instinctifs de son
crayon. Les singes, les anciens bouffons, les modernes
caricaturistes, sont ce qu'ils sont par tempérament;
nulle étude ni nul exercice n'arriveraient à donner la
même *vis comica* à d'autres, qui auraient les cellules
grises ou moins ou autrement ramifiées.

74. — Les divers organes d'expression, l'ensemble
du corps avant tout, puis les bras et les mains, le
visage et la voix, la beauté et la force, l'agilité et la
grâce, sont les facteurs ultimes et essentiels qui ren-

dent à chacun plus ou moins possible, difficile ou facile,
un art ou un autre, ou, mieux, la traduction en cet art-
ci ou en celui-là de la conception intérieure. Pourquoi
Meissonier ne fit-il jamais de tableaux plus grands que
de quelques centimètres, quoique fournis d'un assez
grand nombre de figures et d'une assez vaste perspective pour décorer un mur entier? Pourquoi le Guerchin
s'est-il montré si puissant dans le relief, que l'on est
presque tenté de toucher ses toiles pour s'assurer
qu'elles sont, comme toutes les autres toiles, des sur-
faces absolument planes et homogènes? La cause en est,
pour le premier de ces peintres, dans sa myopie cérébrale; pour le second, dans la vision monoculaire qui,
le privant de la perception stéréoscopique d'où résulte
pour les autres le relief, lui fit plus fortement sentir et
étudier la force et les lois du clair-obscur, qui est précisément la seule chose pouvant donner, sur la toile, le
relief.

Quel art feraient les animaux qui ont des sens différents des nôtres, s'ils possédaient l'intellect de
l'homme! Ne voyons-nous pas quelque chose de semblable dans l'art aristocratique et nébuleux, difficile et
raffiné, des symbolistes et des décadents, que seuls
comprennent et vantent un petit nombre de « futu-
ristes » initiés? C'est que ce petit nombre qui le pratique et qui le goûte a une façon toute spéciale de
sentir le monde extérieur, et, partant, de le rendre, qui
dépend de leurs sens plus exquis, de leur cerveau plus
compliqué, qui leur font voir les sons colorés, entendre
comme musique les formes, sentir les parfums sapides,

peser lourdes ou légères les saveurs; sensations de clinique, art d'asile d'aliénés, pour ceux dont les sensoriums y sont sourds et l'âme étrangère; surprenantes, par contre, et géniales, pour qui y a trouvé une grande et soudaine révélation, et soutient que là est contenue peut-être une grande partie de l'esthétique de l'avenir.

Il reste à ajouter que les facultés conceptives et créatrices peuvent, comme les facultés sensitives, s'accentuer et se modifier avec les esthésiogènes et les dynamogènes internes et externes. Edgar Poë ne se sentait en veine d'écrire, que lorsqu'il était complètement ivre de *whiskey;* Mantegazza confesse devoir au café quelques-unes de ses plus belles pages; Fleury a écrit un livre, couronné dans un concours académique, prouvant les effets du tabac à fumer et à priser sur le passé et sur l'avenir de la littérature; Perse proclame nettement et brutalement le ventre « *magister artis ingeniique largitor* »; Haydn, Gluck, Mozart s'inspiraient et concevaient souvent, l'un en regardant fixement un gros brillant qu'il portait au doigt, l'autre en se chauffant à un ardent soleil, le troisième en jouant avec passion au billard; Cimarosa, lui, avait besoin, pour travailler, d'entendre converser avec animation et de prendre part à la causerie, comme d'autres ont besoin de solitude et d'un silence absolu; Paisiello ne produisait qu'allongé sur son lit; Schiller, par contre, devait tenir ses pieds dans un bain froid, Bossuet se couvrir la tête d'un lourd bonnet de fourrure, et Machiavel revêtir ses habits de gala.

75. — Passant maintenant du tempérament physique

au caractère spirituel de l'artiste, et commençant par sa
constitution sentimentale, nous trouvons toutes les gradations possibles, depuis les parnassiens qui ne veulent
« pas de sanglots humains dans le chant des poètes »
et qui « dédaignent la douleur vulgaire qui pousse
des cris importuns », jusqu'à la passion frénétique
chauffée à blanc et faisant irruption comme un déborde-
ment dévastateur dans l'art convulsionnaire des drames
de foire ; de même que, conformément à la constitution
intellectuelle et idéale de chacun, nous trouvons réfléchi
dans son art le mépris ou le besoin plus ou moins
intense et senti du vrai et de l'infini, révélant ainsi
toutes les très différentes façons de voir et de concevoir
le monde et les choses. Une seule condition est absolument essentielle pour que l'art soit réellement de
l'art, c'est-à-dire qu'il se communique aux autres : la
sincérité, le rapport immédiat et honnête de la création
externe avec la conception interne ; car ce n'est pas la
couleur, la qualité bonne ou mauvaise, vraie ou fausse,
sacrée ou sacrilège, de la passion, de la théorie, de la
métaphysique exprimée par l'œuvre d'art, qui en constituent la valeur et la force, mais le degré, la quantité
petite ou grande, l'intensité, la profondeur, l'ardeur
majeure ou moindre, de la commotion, de la conviction,
de la foi.

Tous, en effet, nous nous sentons artistes en certains
moments de forte excitation : « Tout ce qui dort en
nous trouve un jour son réveil — à l'heure d'espérance
ou de mélancolie » ; à tour de rôle la haine, l'envie, la
jalousie, l'ambition, l'émulation, même la frayeur, exal-

tent la tension de l'esprit, en redoublent aussi la force.
Nous en avons une preuve brillante dans l'émulation
de Zeuxis et de Parrhasius à Athènes, de Michel-Ange
et de Raphaël au Vatican, qui se surpassèrent eux-
mêmes quand ils s'attachèrent corps et âme à l'em-
porter sur leurs puissants compétiteurs; et un autre,
caractéristique, dans le cas de la Taglioni qui, débutant
à quatorze ans sur la scène viennoise, éprouva une
telle émotion, qu'elle oublia soudain ce qu'elle avait
péniblement appris, mais improvisa en même temps,
comme dans un éclair de génie, tout à nouveau son
rôle, de manière à obtenir un succès touchant au
délire. Le mathématicien, le naturaliste, le philosophe,
eux aussi, trouvent souvent des paroles inspirées quand,
enflammés par la beauté du vrai, ils en sentent
dans leur penser un rayon; comme l'incrédule aussi
emprunte le langage hiératique, ayant à parler de
l'immense mystère de l'univers, sous l'impression
directe de la contemplation de ses abîmes, de ses infi-
nités dans le temps et dans l'espace.

Il faut donc du cœur, de la pensée, de l'idéalité,
pour faire de l'art spirituel, mais il n'est pas nécessaire
que le cœur soit bon et constant, que la pensée soit
cultivée et correcte, que l'idéalité soit religieuse et
dogmatisée; et, surtout, il est inutile que moralité,
intelligence, foi soient toujours et en tout éveillées et
égales; il suffit qu'elles soient vives, promptes,
vibrantes, au moment et pour l'objet de la création.
Ainsi s'explique l'art exquisément affectif de gens qui,
dans la vie, effleurent souvent les dispositions du code

pénal, et, *vice versa*, l'art sanguinaire et criminel que pratiquent parfois, dans un accès d'atavisme génial, des artistes à l'âme douce et aimable, incapables d'aucune violence réelle. Ainsi s'expliquent les vastes et profondes intuitions du vrai chez des artistes aussi ignorants que le furent Véronèse, Cervantès, Shakespeare, Rossini; et, finalement, comment de la tête d'un cynique ont pu sortir le *Stabat* et la *Messe*, ces œuvres si suggestivement et célestement idéales.

CHAPITRE VIII

LES FACTEURS EXTRINSÈQUES

76. — Toutes les impressions et tous les souvenirs que peut exprimer l'artiste dans ses travaux ont, nous l'avons déjà dit plusieurs fois, leur origine proche ou éloignée dans le monde extérieur, dans le milieu; ceux-là mêmes n'en sont pas exclus (quoique constituant d'ailleurs bien rarement une matière d'art), qui sont dus au contraire aux sens cénesthétiques et internes, puisque eux aussi, quoique indirectement, sont l'effet de circonstances de milieu.

Mais ce milieu qui nous enveloppe, qui nous influence, qui nous possède, est extrêmement complexe, comme on l'a déjà vu à propos de l'impression : milieu physique, milieu éthique, milieu esthétique, milieu métaphysique.... Le jour et la nuit, l'été et l'hiver, l'aurore et le crépuscule, le printemps et l'automne nous

disposent bien différemment à sentir, à concevoir, à
créer; et, en conséquence, nous nous sentons en ces
différents moments de tout autres artistes, quelque
étranger que leur soit l'objet que nous voulons représenter. Relisez les livres de Taine, ces vrais chefs-
d'œuvre de critique d'art : vous en trouverez les preuves
par douzaines. Un pays humide ou sec, clair ou bru-
meux, neigeux ou brûlé du soleil, donne à l'œil et aux
nerfs une impression si continue et si puissante, que
tout le caractère à la longue s'y conforme et que tout le
style s'en ressent. Pensez à l'Égypte et à la Grèce, à la
Chine et au Japon, et vous ne vous étonnerez pas que
les deux continents, plats, vastes, monotones, mystérieux, aient un art si divers de celui des archipels voi-
sins, tout découpures, mers, montagnes, fleuves, spectacles gais et changeants. Une colonie lapone en Sicile,
une colonie andalouse en Sibérie, cesseraient vite,
peut-être tout à coup, de pratiquer l'art caractéristique
de leurs pays; l'ambiance triompherait bientôt de la
race. Ce n'est donc pas par suite de la nature seule du
peuple, devenue elle-même, avec le temps, réflexe du
climat et du site, mais c'est aussi par suite de l'œuvre
immédiate et directe de ceux-ci que, par exemple,
Venise et couleur semblent en quelque sorte syno-
nymes, et que l'on tente en vain de dérober à ses
peintres le secret de leur palette éclatante; car ce
secret réside dans la lagune verdâtre, dans les maisons
patriciennes polychromes et marmoréennes qui s'y
mirent, dans la lumière qui s'y joue, s'y reflète, y
phosphorise, y folâtre. Et les chansons, les barcaroles,

les sérénades de Naples, tout azurées de mer, tout
argentées de lune, tout enflammées de volcan? Et le
paysage dans l'antique peinture ombrienne, si simple,
si doux, si tranquille, si classiquement idyllique, tel
qu'il nous apparaît réellement encore aujourd'hui, de
Gubbio à Todi et de Pérouse à Spolète?

Regardez l'art du peuple, même celui des animaux.
Fables, chants populaires, proverbes, musique, danse,
comme cela diffère chez les montagnards, chez les
riverains, chez les paysans de la plaine! Les oiseaux
eux-mêmes, comme ils varient leur chant du Nord au
Sud, de la forêt de pins au jardin, du vallon à la
plaine!

77. — Et ainsi toutes les autres conditions matérielles dans lesquelles vit un peuple lui impriment par
leur propre force son art; spécialement la richesse, le
commerce, l'industrie. Aux nomades, par exemple, est
tout à fait refusée l'architecture, et les arts du premier
groupe en géneral, sculpture, peinture, avec leurs
variétés et leurs ramifications, sont chez eux réduits à
bien peu de chose; la musique, la danse, la poésie,
tous les arts qui s'étendent dans le temps, fleurissent
au contraire spontanément parmi eux, comme par compensation et pour le soulagement de leur pauvre vie
errante. Si, par contre, la masse du peuple, stable et
attachée aux champs, en tire richesse et bien-être,
tandis qu'une partie seulement de ses fils, voyageant
pour le négoce et les affaires, rapporte de loin au pays
un afflux continuel de nouvelles impressions, de vifs
récits, de matériaux inconnus, de procédés exotiques,

d'idées cosmopolites, tout cela, comme en Phénicie, en Grèce, à Venise, en Espagne, en Angleterre, élargit immensément le domaine de l'art et en centuple les moyens. Le calme et la paix, laissant du temps pour le repos et le plaisir et de la marge pour les moyens économiques et intellectuels de se les procurer, favorisent donc la production, l'évolution, la prospérité de tous les arts, comme la guerre et la famine les paralysent et souvent les tuent.

Il en est de même pour l'industrie, qui influe puissamment aussi, en voie directe et immédiate et pour des raisons médiates et réflexes, sur chaque art en particulier non moins que sur l'art en général et envisagé abstraitement.

Chaque jour la chimie trouve de nouveaux alliages, de nouvelles couleurs, de nouveaux vernis; la mécanique et la physique, de nouveaux instruments, de nouvelles ressources, jusqu'à la photographie instantanée et chromatique, jusqu'au phonographe, jusqu'au piano qui écrit lui-même la musique, tandis que le maestro, inspiré, l'improvise. Et l'imprimerie recueille et répand par l'univers les nouvelles découvertes, tient les artistes et les amateurs au courant de tout ce qui se pense et se crée dans le monde civilisé, fournit, en sténographiant la vie quotidienne de tous les pays, un nombre infini de documents humains dont l'art cosmopolite se sert et s'embellit; sans compter que la vapeur et l'électricité, transformant la face du monde, vont créant, elles aussi, continuellement de nouvelles et grandioses beautés, qui constituent dès maintenant et constitueront mieux encore de jour en jour dans l'avenir une magnifique et précieuse matière d'art et de poésie.

78. — Nous sommes passés ainsi graduellement aux facteurs externes, moraux, sociaux et politiques de l'art. Et, disons-le immédiatement ici, c'est une pure et grossière déclamation de rhétorique de prétendre que l'art ne peut fleurir en l'absence d'indépendance, de liberté, de vertu personnelle et politique. L'art, au contraire, fleurit partout où quelque chose l'inspire, bonne ou mauvaise, peu importe, partout où quelqu'un peut lui consacrer son temps et son talent, libre ou courtisanesque, pur ou corrompu, pourvu qu'il soit toujours sincère et spontané ; mœurs, sentiments, institutions diverses lui donneront leur empreinte morale particulière, tantôt dédaigneuse et satirique, tantôt servile et apologétique, tantôt gaie et joyeuse, tantôt névrotique et triste, tantôt noble et délicate, tantôt grossière et triviale, tantôt monotone et fixe, tantôt libre et variée ; mais quand ils ne changent pas radicalement avec eux l'ambiance économique et les conditions matérielles de la vie, ils ne portent nullement atteinte à la quantité ni à la perfection esthétique pure de l'art qui les traduit.

L'hégémonie des nations les unes sur les autres, des régions les plus avancées et les plus riches d'un État sur les plus pauvres et les moins civilisées, des grandes villes sur les petits centres ; les dogmes moraux et sociaux prédominants, les critiques fiscales, les antipathies ethnographiques, les rancunes de classes et de

partis, les haines de clocher, les mensonges conventionnels, — tout cet ensemble, tout cet amas de sentiments collectifs spontanés ou imposés forme autour de
l'artiste comme une atmosphère morale saine ou morbide qu'il doit aussi respirer, et qui aura conséquemment part à la formation de ses fantasmes esthétiques
et des œuvres dans lesquelles il les exprimera. L'art
égyptien et l'art grec comparés entre eux, l'art romain
de la république et de l'empire, l'art byzantin et celui
de la Renaissance, l'art espagnol et l'art flamand sous
la maison d'Autriche, le seicentisme, l'Arcadie, le néo-
classicisme, le romantisme, le vérisme, le symbolisme,
l'art russe et l'art scandinave contemporains, l'art
socialiste qui déjà se présente à l'horizon et qui aura
sans aucun doute une évolution vaste et glorieuse,
pour peu que nous y voulions réfléchir, nous apparaît-
tront comme autant de pages très éloquentes de l'histoire de l'âme humaine à chacune de ces époques et
sous chacune de ces institutions.

Aujourd'hui, par exemple, le caractère éthique capital du siècle est l'agitation inquiète, la fièvre de
travail, l'aiguillon du surmenage et de la lutte pour
l'existence; l'artiste ne se soustrait pas à cette persé-
cution commune de la vie, mais la reflète dans le style
condensé, dans la phrase nette et touchante, dans la
lyrique brève et ailée, dans le drame rapide en un
acte, dans le petit tableau plutôt ébauché que peint,
dans la villa resserrée et bizarre, dans les petits meubles légers et portatifs, dans les habits commodes et
simples.

79. — Le besoin d'argent ou de protection, de collaboration ou d'applaudissement, assujettit en outre l'artiste à mille très puissantes influences des grands et de la masse, des princes et des gouvernements, des riches et des célébrités, des éditeurs et des impresarios, des critiques et des chroniqueurs; il y a un mécénatisme de cour et un mécénatisme de place, comme il y a la faim de pain et la faim de gloire. Quelquefois c'est le besoin qui révèle tout à coup un talent latent, qui sert d'aiguillon et pousse à traduire par la plume et par l'ébauchoir ce qui, au milieu de toutes les joies et de toutes les distractions du bien-être, était et serait resté une vision de l'âme et un fantôme fugace de l'imagination; d'autres fois le besoin même, dans des circonstances diverses, fait d'un artiste-né, même d'un génie, un modeste employé, un obscur boutiquier, atrophiant les forces créatrices de celui-là dans la pédanterie bureaucratique, et celles de celui-ci dans les soucis vulgaires et mesquins du petit commerce.

Il n'est pas rare qu'un concours, un subside, une commission gouvernementale, académique, éditoriale, mettent à l'improviste en lumière un tempérament d'artiste et de penseur resté inconnu jusqu'à ce jour-là, ou impriment ensuite à toute son activité ultérieure une direction diverse de celle qu'il aurait peut-être choisie, si cette activité était restée libre et solitaire; comme n'est que trop fréquent, aussi, le cas de romanciers et de poètes, de dramaturges et de compositeurs, de peintres et de sculpteurs que le hasard révèle par la suite très grands artistes, et qui sont humiliés et rebutés par les éditeurs, les directeurs de théâtre, les impresarios, les organisateurs d'expositions, par ces mêmes ouvrages qui leur donneront plus tard la gloire ; ou bien dévoyés et fourvoyés par eux, et contraints à un art de commande commercial et vulgaire qui utilise les questions d'actualité et les goûts de l'heure fugitive, les aptitudes de cet acteur-ci ou de ce chanteur-là, les caprices de telle ou telle assemblée qui décrète une statue ou un monument.

Il en est ainsi du mécénatisme ; il y en a d'autant de sortes, et, conséquemment, d'autant d'effets différents, qu'il y a de caractères qui l'exercent et en profitent ; il va de celui de ce modeste et affectueux Antonio Barezzi qui, nullement riche, achemine à ses dépens vers la gloire Verdi, auquel rien encore ne la promettait, à celui de ce ladre et grossier grand d'Espagne qui traite Michel Cervantès de Saavedra comme un laquais et le laisse presque mourir de faim.

Mais le grand Mécène, le Mécène par excellence, le milliardaire enthousiaste prodigue d'argent et de gloire envers qui le conquiert, c'est le public ; et c'est vers lui que l'artiste a sa pensée tournée, sinon quand il crée dans le tumulte de l'inspiration, du moins, certainement, quand il perfectionne et cisèle, avec patience et réflexion, son travail de premier jet encore brut et informe. Celui qui affiche du mépris pour ce Minos protéiforme, anonyme, irresponsable et omnipotent, celui-là est ou un anormal, ou un poseur, ou un menteur, ou un illusionné ; tous nous travaillons pour le public et tous nous en ambitionnons, au fond du cœur, les applaudissements; tous nous l'avons pour grand collaborateur inconnu, quand sa voix collective nous dicte l'inspiration et quand sa présence imaginaire nous suggère des retouches; tous nous nous adaptons, bon gré mal gré, à ses exigences impérieuses et explosives d'enfant gigantesque, quand nous nous l'imaginons affolé et nerveux au théâtre ou sur la place publique; et tous, plus ou moins, nous en craignons le jugement protéiforme et réflexe de censeur suprême et sévère, quand nous nous le représentons dispersé et pensif dans les cabinets de lecture et dans les bibliothèques. Et chacun travaille sous la contrainte obstinée de sa suggestion fascinatrice, conformant le sujet et le style de son œuvre à son public, large ou restreint, choisi ou vulgaire, enfant ou adulte, proche ou éloigné, actuel ou futur, homogène ou hétérogène.

80. — Nous voici à la grande question de l'influence de l'ambiance intellectuelle, scientifique et artistique, sur la production esthétique : aux rapports entre la théorie et la pratique, c'est-à-dire entre l'école, l'académie, la critique, la philosophie d'une part, et l'art de l'autre.

Si l'art est un réflexe de la psyché de l'artiste, et si celle-ci est une image interne du monde extérieur, il est bien naturel que le patrimoine intellectuel de l'humanité, et particulièrement celui du temps et du peuple auxquels appartient l'artiste, faisant partie aussi de ce monde externe, l'œuvre de celui-là porte aussi l'empreinte de ce patrimoine. L'art grec, l'art romain, l'art du moyen âge, celui de la Renaissance, celui du

XVII⁰ siècle, notre art actuel, sont profondément imprégnés de la science et de la philosophie de l'époque et du pays, même quand ils n'ont ni but ni caractère didactiques; l'artiste inculte lui-même respire pour ainsi dire dans l'air la pensée commune et en pétrit inconsciemment sa production; tandis que l'artiste philosophe sent et clarifie, condense et féconde consciemment cette pensée, et laisse dans ses travaux un monument éloquent du siècle et de la terre qui les produisirent.

Mais autre chose est la science, la culture, la philosophie en général et en particulier, prédominant dans la masse de la population, autre chose sont les théories d'art et les dogmes d'esthétique tranchant du maître dans la critique, dans les écoles, dans les académies. Celles-ci touchent de bien plus près l'artiste et s'imposent bien plus puissamment à lui, parce que ce n'est plus seulement sur la substance de son œuvre, mais aussi sur sa forme et sa technique, qu'elles veulent exercer leur influence, beaucoup plus souvent nuisible qu'utile. Organisées et réglementées bureaucratiquement, centres de multiples intérêts matériels et moraux et parfois aussi politiques et religieux, supports de forces, de hiérarchies, de pouvoirs, de gloires, les académies, les écoles, les revues deviennent facilement des coteries, des congrégations et des cénacles fermés et oligarchiques, où un très petit nombre d'élus pontifie et tyrannise, agitant réciproquement l'encensoir, s'enveloppant dans une nuée mystérieuse de privilèges, excommuniant quiconque ose se rebeller contre leurs oracles infaillibles, écrasant sous le poids des noms imposants, ou étouffant sous le couvre-feu du silence, les débutants qui ne sortent pas de leur pépinière d'humbles et serviles imitateurs, de leur fabrique de médiocrités uniformes et estampillées.

Quelque Spartacus du pinceau, quelque Luther de l'ébauchoir, quelque Mirabeau de la strophe réussit bien parfois à soulever et entraîner, par la puissance du génie triomphant, la foule écœurée de la moisissure stagnante; mais pour un qui triomphe, combien de vaillants succombent! pour un qui, sorti de leurs mains de châtreurs, a sauvé une lueur de talent, combien de douzaines s'en reviennent mutilés et gâtés pour toujours!

81. — De même que l'ambiance théorique, ainsi s'impose à l'artiste l'ambiance pratique; à l'école répond le modèle, au précepte l'exemple. Là où l'art n'est pas en fleur, où personne ne peint ni ne sculpte, où l'on n'a sous les yeux ni tableaux ni statues, il est bien rare que se révèlent des vocations de sculpteurs ou de peintres; et si les autres arts demeurent pareillement célés, les plus fervents génies demeureront facilement stériles au beau et se tourneront vers de tout autres genres d'activité. Maintes fausses vocations sont certainement dues à l'ambiance, qui prend le dessus sur le caractère personnel : un architecte-né, qui vit dans un pays peu monumental mais très musical et parmi des musiciens plutôt que parmi des architectes, se croira appelé à l'art des sons, seulement parce qu'il se sent réellement artiste. Ainsi s'explique l'envahisse-

ment d'un art exclusif en certains pays, où l'abondance
de la matière première, l'immigration de quelque
maître fameux, l'établissement d'une école prospère,
ont commencé à lui donner une impulsion qui ensuite,
devenue courant commun, débordera seule et prépondérante de toutes parts; à Vienne la danse, à Florence
l'architecture, à Naples la musique sont dans l'air
comme la vapeur, comme les pulviscules imperceptibles
et contagieux; Faenza fut la patrie des majoliques,
Sèvres des porcelaines, Limoges des émaux.

Les vocations innées et décidées aussi ont besoin
d'une incitation. C'est du « Saint Paul » de Louis Car-
rache que le Guerchin prit le point de départ de son
art puissant; du jour où il le vit, la lumière se fit dans
son génie, sa route s'éclaira, son avenir se fixa. La
Fontaine eut l'intuition de sa vocation, en entendant
réciter des vers de Malherbe; et le « Don Juan » de
Mozart fut pour Gounod adolescent une telle révélation,
que, dans sa vieillesse, il le vénérait encore comme le
numen præsens de son penser.

Les divers arts, ensuite, coexistants en un lieu et
en un temps, réagissent l'un sur l'autre, se suggestion-
nent et s'enrichissent réciproquement, tendant presque
à s'assimiler et à se confondre. La musique et le
paysage, si secondaires et si négligés dans les siècles
passés, ont conquis le premier rang dans le nôtre, et
le roman et la poésie lyrique de nos jours en ont reçu
des manières d'être toutes nouvelles : la fluctuation
indéterminée du sentiment, la vaporosité nostalgique
et rêveuse de l'idéal, la richesse et la précision des

descriptions, la luminosité et la vérité des arrière-
fonds; la musique et le paysage ont même pénétré par
leur propre force et par eux-mêmes dans les lettres,
dont ils ont enrichi le domaine de nouveaux genres et
de nouveaux sujets.

La question tant controversée si l'étude des grands
maîtres, des anciens, des classiques, doit être la base
de l'éducation du jeune artiste, ou si, au contraire, on
doit laisser entièrement libre vol à son génie, en le
délivrant des entraves de la tradition et en le sous-
trayant à tout péril de plagiat ou d'infatuation, cette
question trouve dans ces prémisses sa solution : à savoir
que l'étude de ce qu'a produit et continue à produire
le génie antique et contemporain, lointain et présent,
ne peut être que grandement et profondément profitable; mais à condition qu'elle soit large et éclectique,
libre de toute préconception et de tout dogme, étendue
à toutes les manifestations du beau, quels que soient
l'art et l'école, et surtout continuellement et amoureu-
sement rafraîchie aux sources pures et sacrées du beau
naturel. Ainsi, et ainsi seulement, le jeune artiste gran-
dira à la fois cultivé et original, érudit et moderne,
respectueux des maîtres qui l'ont précédé, mais résolu
à tenter de nouvelles voies et à imprimer sa trace
propre dans le champ de l'art.

82. — Les diverses conceptions métaphysiques du
monde, les religions, les cultes, les mythes, les super-
stitions, les hautes philosophies, ont toujours, elles
aussi, influé, et influent encore, non seulement sur la
matière et sur la forme de l'art, mais aussi sur son

progrès ou son arrêt, sur sa floraison ou sa décadence.

Les plus hautes conceptions pour le philosophe, abstraites et spiritualistes, étant aussi, par nécessité, tout intimes, individuelles et iconoclastes, sont les plus basses pour l'esthéticien ; en effet, si elles ne sont pas absolument hostiles, elles ne sont jamais non plus, par elles-mêmes, ni amies ni promotrices du goût et de l'art, qui en religion représentent le fétichisme et l'idolâtrie, et matérialisent l'inexprimable et supra-sensible idée de Dieu. Toutes les religions les plus antiques et les plus grossières, les plus puériles et les plus vulgaires, ayant besoin, pour les âmes incultes et les esprits limités, de formes sensibles et de fonctions à grand spectacle, ont été et continuent à être, au contraire, aujourd'hui, les plus grands mécènes de l'art : de la parfumerie des encens et des fleurs à la gastronomie des banquets sacrés et des libations symboliques ; de la danse des bals hiératiques et des processions sacramentelles, à la mimique des sacrifices liturgiques et des fonctions pontificales ; et musique, et chant, et poésie, sublimés par le sentiment profond de l'espérance, de la crainte, de la foi, qui ici remplacent la vision muette et infinie de l'idéal, apportent chacun, acclamés et fêtés, leur tribut à ce triomphe du sens masqué d'une idéalité rudimentaire ; et aux hymnes, aux psaumes, aux sons des harpes et des orgues, s'associent encore les splendeurs marmoréennes des temples, les mosaïques, les tapisseries, les broderies, les métaux précieux, les pierreries ; les statues et les tableaux, les fresques et les stucs, les vases, les lampes

et les guirlandes votives, les couronnes en argent, les
amulettes et les cierges, tout se réunit pour décorer les
mystiques actions dramatiques, les rites pompeux et
solennels, que les prêtres vont représentant parmi les
tombes et sur les autels; et ainsi l'art rend largement
et splendidement à la foi la protection libérale que
celle-ci lui accorde, et la vie de l'un se lie et s'entre-
lace intimement à celle de l'autre.

Maintenant, de tout ceci, et vu l'inéluctable décadence, chez les esprits supérieurs, de toutes ces formes
matérialistes et sensorielles de religion, on veut arguer
la décadence non moins fatale de l'art qui leur était si
étroitement lié; ce qui, à dire vrai, ne me semble pas
si logiquement nécessaire. La ruine des dogmes et des
fétiches non seulement n'implique pas l'écroulement
des idéals et des cultes, mais est au contraire une conséquence de leur passage dans le camp de la vérité et
de la raison, que la science leur a ouvert; le mystère
sacré, la sainte nostalgie du mieux et de l'*excelsior*
demeurent et demeureront éternels, non dans un autre
monde inimaginable, mais dans celui-ci, dont le télescope et le microscope approfondissent chaque jour pro-
digieusement l'espace et le temps, jusqu'à l'infini,
jusqu'à l'éternel, nous donnant ici, sur la terre, cet
absolu, cette immensité, ce divin que nous allons, vai-
nement et follement, chercher au delà. De sorte que
l'art pourra largement s'y mouvoir, y trouver en abondance les formes sensibles et les symboles humains
des idéals nouveaux, et, avec leur aide, en traduire
à la pensée les images à la fois les plus grandes

10.

ét les plus claires, les plus vraies et les plus belles.

83. — Concluons également cette seconde partie de notre travail, en en résumant le contenu par les hiérarchies de l'art. Elles aussi sont en fait la résultante d'un très grand nombre de facteurs : de tous ceux qui composent l'impression esthétique, plus tous ceux qui contribuent à l'expression artistique. Nous avons déjà parlé des premiers en leur lieu. Ajoutons, au sujet des autres, qu'une œuvre d'art occupera dans sa hiérarchie une place d'autant plus haute, que plus haute était celle occupée dans la hiérarchie du beau par l'objet qui l'a inspirée, et que les moyens choisis pour exprimer l'image interne qu'en a eue l'artiste étaient intrinsèquement plus capables de la rendre tout entière, ou directement, ou par suggestion. L'œuvre elle-même, en outre, s'élèvera d'autant plus dans l'échelle de l'art, que l'artiste sera doué d'une plus saine et plus riche, d'une plus intense et plus exquise sensibilité physique et sentimentale, intellectuelle et idéale, pour sentir dans toute sa profonde valeur et signification esthétiques le fait ou l'objet qu'il doit représenter; elle recevra de l'élaboration interne qu'il consacrera à l'objet, en la concevant, une noblesse d'autant plus grande, que le temps aura déjà réuni et condensé dans cette âme une plus grande variété et une plus grande beauté d'images; et d'autant plus actif et fécond sera le travail d'imagination, et conséquemment de combinaison et de choix, qui aura lieu dans ce cerveau, d'autant plus nette et plus pure surgira de cet effort l'expression créatrice et révélatrice.

La meilleure œuvre sera celle dans laquelle le style répondra le mieux à la chose et à l'homme, dans laquelle toutes ses puissances convergeront et se concentreront le mieux pour en faire un seul tout inséparable, fort et organique. Aussi l'effet qu'elle produira sera-t-il double : de plaisir pour le beau qu'elle contient, d'admiration pour l'art qui le révèle.

L'artiste, a écrit Léonard de Vinci, doit être universel et solitaire. Cette brève formule est tout le critérium qui fait juger une œuvre d'art suprême et impeccable. Universels et solitaires ont été tous les plus grands génies dans tous les arts, dans tous les temps, dans tous les pays ; universels dans le sentiment cosmique de la nature, dans l'éclectisme réceptif de l'âme, dans la puissance infinie de la conception, classique et romantique, vériste et idéaliste tout ensemble ; mais solitaires dans l'énorme fusion de toute cette matière diverse et informe au divin creuset du génie, dans la transformation de celle-ci en un seul et unique métal précieux et incorruptible, dans son empreinte ardente et resplendissante en une magnifique forme qui continue à durer éternellement jeune et pure au cours des siècles.

84. — Quel est le véritable but de l'art et quel avenir on peut lui prédire, cela résulte assez clairement, il me semble, de tout ce que j'ai noté jusqu'ici. Le seul, l'unique, l'éternel but de l'art, est le plaisir ; le plaisir dans toute la signification la plus riche, la plus étendue, la plus compréhensive du mot, dans toutes les potentialités les plus intenses, exquises et multiples

de la chose; le plaisir du sens, d'abord et nécessairement; le plaisir de l'esprit, ensuite et éventuellement. Les buts moraux, intellectuels, idéaux, nè doivent pas lui être imposés, mais doivent se relier d'eux-mêmes, naturellement, aux buts esthétiques qui lui sont essentiels; ils doivent émaner spontanément de lui, comme un parfum sursensible et suggestif, pénétrant et enivrant.

L'art doit propager dans le monde les beautés qui sont le privilège d'un lieu, guider noblement les mortels dans la recherche des fleurs et des joyaux, des splendeurs et des enchantements de la vie; il doit donner aux humains le pain quotidien de la lumière et de la couleur, de la forme et du rythme, la nourriture divine des sens assoiffés de joie, « le précieux aliment qui fait l'homme semblable à un dieu ».

L'art peut soutenir celui-ci dans les traverses de la vie, le consoler dans les chagrins de l'existence; le porter, des plaisirs passagers des sens, aux satisfactions durables du sentiment; échauffer ses affects, adoucir ses passions, tempérer son caractère; lui suggérer de nobles exemples, créer autour de lui une ambiance sublime de saints et de héros, qui lui mettent dans le cœur la nostalgie de la perfection et de la vertu; lui faire paraître mille fois moins triste sa misère, moins sombre sa vieillesse, moins profonde l'infélicité humaine; car, plus que les maux et les biens réels et actuels, ce sont les maux et les biens fantastiques et imaginaires que nous attendons de l'avenir, qui nous font désespérés ou heureux.

La foi, jadis, nous donnait à bon marché l'ivresse de splendides élysées outre-tombe, de mirages paradisiaques ultra-terrestres; aujourd'hui l'art peut nous les donner sur la terre, plus beaux et plus joyeux, parce qu'ils sont plus humains et plus variés. Gloire donc à lui, et qu'il soit accueilli avec des acclamations de reconnaissance par notre âme qu'affaiblit et attriste cette bataille prolongée pour la monnaie et pour le pain, cette lutte furieuse pour l'existence et pour la prépondérance!

Gloire à l'art, qui peut éclairer d'une lumière sereine notre esprit engourdi et ennuagé par les calculs arides et par les rognures érudites; qui peut nous procurer les plaisirs de l'intellect, les plus sains, les plus hauts, les plus vifs de tous ceux qu'offre la vie! Gloire à l'art, qui seul peut satisfaire le besoin insatiable que nous avons de l'ultra-sensible et de l'ultra-humain, devançant la science, surpassant la foi, pénétrant et s'étendant dans l'idéal, par les minces soupiraux qu'y ouvre à travers les domaines du vrai le penser naturaliste!

Gloire à l'art! gloire à l'art! Il est la foi, il est le culte, il est la religion de l'avenir. A ses idoles divines tous nos encens, toutes nos prières, toutes nos aspirations! Ce sont elles seules, en effet, qui peuvent nous donner la véritable et unique félicité possible sur la terre!

TABLE DES MATIÈRES

PREMIÈRE PARTIE

LA PSYCHOLOGIE DU BEAU

LIVRE I

LES FACTEURS OBJECTIFS DU BEAU

LIVRE IV

LES FACTEURS SUBJECTIFS DE L'ART

Coulommiers. — Imp. PAUL BRODARD. — 448-94.

ANCIENNE LIBRAIRIE GERMER BAILLIÈRE ET Cie

FÉLIX ALCAN, ÉDITEUR

108, Boulevard Saint-Germain, 108, Paris

EXTRAIT DU CATALOGUE

Sciences — Médecine — Histoire — Philosophie

I. — BIBLIOTHÈQUE SCIENTIFIQUE INTERNATIONALE

PUBLIÉE SOUS LA DIRECTION DE M. ÉM. ALGLAVE

Volumes in-8 en élégant cartonnage anglais. — Prix : 6 fr.

78 VOLUMES PARUS

1. J. TYNDALL. Les glaciers et les transformations de l'eau, 6e éd., illustré.
2. W. BAGEHOT. Lois scientifiques du développement des nations, 5e édition.
3. J. MAREY. La machine animale, locomotion terrestre et aérienne, 5e édition, illustré.
4. A. BAIN. L'esprit et le corps considérés au point de vue de leurs relations, 5e édition.
5. PETTIGREW. La locomotion chez les animaux, 2e éd., ill.
6. HERBERT SPENCER. Introd. à la science sociale, 10e édit.
7. OSCAR SCHMIDT. Descendance et darwinisme, 6e édition.
8. H. MAUDSLEY. Le crime et la folie, 6e édition.
9. VAN BENEDEN. Les commensaux et les parasites dans le règne animal, 3e édition, illustré.
10. BALFOUR STEWART. La conservation de l'énergie, suivi d'une étude sur LA NATURE DE LA FORCE, par *P. de Saint-Robert*, 5e édition, illustré.
11. DRAPER. Les conflits de la science et de la religion, 9e éd.
12. Léon DUMONT. Théorie scientifique de la sensibilité, 4e éd.
13. SCHUTZENBERGER. Les fermentations, 5e édition, illustré.
14. WHITNEY. La vie du langage, 3e édition.
15. COOKE et BERKELEY. Les champignons, 4e éd., illustré.
16. BERNSTEIN. Les sens, 4e édition, illustré.
17. BERTHELOT. La synthèse chimique, 6e édition.
18. VOGEL. La photographie et la chimie de la lumière (épuisé).
19. LUYS. Le cerveau et ses fonctions, 7e édition, illustré.
20. W. STANLEY JEVONS. La monnaie et le mécanisme de l'échange, 5e édition.
21. FUCHS. Les volcans et les tremblements de terre, 5e éd.
22. GÉNÉRAL BRIALMONT. La défense des États et les camps retranchés, 3e édition, avec fig. et 2 pl. hors texte.
23. A. DE QUATREFAGES. L'espèce humaine, 11e édition.
24. BLASERNA et HELMHOLTZ. Le son et la musique, 4e éd.
25. ROSENTHAL. Les muscles et les nerfs, 3e édition, illustré.
26. BRUCKE et HELMHOLTZ. Principes scientifiques des beaux-arts, 3e édition, illustré.

27. WURTZ. La théorie atomique, avec préface de M. Ch. Friedel, 6ᵉ édition.
28-29. SECCHI (Le Père). Les étoiles, 2ᵉ édition, illustré.
30. N. JOLY. L'homme avant les métaux, 4ᵉ édit., illustré.
31. A. BAIN. La science de l'éducation, 7ᵉ édition.
32-33. THURSTON et HIRSCH. Hist. de la machine à vapeur. 3ᵉ éd.
34. R. HARTMANN. Les peuples de l'Afrique, 2ᵉ édit., illustré.
35. HERBERT SPENCER. Les bases de la morale évolution-niste, 5ᵉ édition.
36. TH.-H. HUXLEY. L'écrevisse, introduction à l'étude de la zoologie, illustré.
37. DE ROBERTY. La sociologie, 3ᵉ édition.
38. O.-N. ROOD. Théorie scientifique des couleurs et leurs applications à l'art et à l'industrie, avec fig. et pl. hors texte.
39. DE SAPORTA et MARION. L'évolution du règne végétal. *Les cryptogames*, illustré.
40-41. CHARLTON-BASTIAN. Le système nerveux et la pen-sée. 2ᵉ édition. 2 vol. illustrés.
42. JAMES SULLY. Les illusions des sens et de l'esprit, 2ᵉ éd., ill.
43. A. DE CANDOLLE. Origine des plantes cultivées, 3ᵉ édit.
44. YOUNG. Le Soleil, illustré.
45-46. J. LUBBOCK. Les Fourmis, les Abeilles et les Guêpes. 2 vol. illustrés.
47. ED. PERRIER. La philos. zoologique avant Darwin, 2ᵉ éd.
48. STALLO. La matière et la physique moderne, 2ᵉ éd.
49. MANTEGAZZA. La physionomie et l'expression des senti-ments, 2ᵉ édit., illustré.
50. DE MEYER. Les organes de la parole, illustré.
51. DE LANESSAN. Introduction à la botanique. *Le sapin.* 2ᵉ édit., illustré.
52-53. DE SAPORTA et MARION. L'évolution du règne végétal. *Les phanérogames.* 2 volumes illustrés.
54. TROUESSART. Les microbes, les ferments et les moisis-sures, 2ᵉ éd., illustré.
55. HARTMANN. Les singes anthropoïdes, illustré.
56. SCHMIDT. Les mammifères dans leurs rapports avec leurs ancêtres géologiques, illustré.
57. BINET et FÉRÉ. Le magnétisme animal, 4ᵉ éd., illustré.
58-59. ROMANES. L'intelligence des animaux. 2 vol., 2ᵉ éd.
60. F. LAGRANGE. Physiologie des exercices du corps. 6ᵉ éd.
61. DREYFUS (Camille). L'évolution des mondes et des sociétés. 3ᵒ édition.
62. DAUBRÉE. Les régions invisibles du globe et des espaces célestes, illustré, 2ᵒ édition.
63-64. SIR JOHN LUBBOCK. L'homme préhistorique. 3ᵉ édi-tion, 2 volumes illustrés.
65. RICHET (Ch.). La chaleur animale, illustré.
66. FALSAN. La période glaciaire, illustré.
67. BEAUNIS. Les sensations internes.
68. CARTAILHAC. La France préhistorique, illustré.
69. BERTHELOT. La révolution chimique, Lavoisier, illustré.

70. SIR JOHN LUBBOCK. **Les sens et l'instinct chez les animaux**, illustré.
71. STARCKE. **La famille primitive.**
72. ARLOING. **Les virus**, illustré.
73. TOPINARD. **L'homme dans la nature**, illustré.
74. BINET. **Les altérations de la personnalité.**
75. A. DE QUATREFAGES. **Darwin et ses précurseurs français.**
76. LEFÈVRE. **Les races et les langues.**
77-78. A. DE QUATREFAGES. **Les émules de Darwin.**

II. — MÉDECINE ET SCIENCES.

A. — Pathologie et thérapeutique médicales.

AVIRAGNET. **De la tuberculose chez les enfants.** 1 vol. in-8, 1892. 4 fr.

AXENFELD ET HUCHARD. **Traité des névroses.** 2e édition, augmentée de 700 pages, par Henri Huchard, médecin des hôpitaux. 1 fort vol. in-8. 20 fr.

BARTELS. **Les maladies des reins**, traduit de l'allemand par le docteur Edelmann; avec préface et notes de M. le professeur Lépine. 1 vol. in-8, avec fig. 7 fr. 50

BOUCHARDAT. **De la glycosurie ou diabète sucré**, son traitement hygiénique, 2e édition. 1 vol. grand in-8, suivi de notes et documents sur la nature et le traitement de la goutte, la gravelle urique, sur l'oligurie, le diabète insipide avec excès d'urée, l'hippurie, la pimélorrhée, etc. 15 fr.

BOUCHUT ET DESPRÉS. **Dictionnaire de médecine et de thérapeutique médicales et chirurgicales**, comprenant le résumé de la médecine et de la chirurgie, les indications thérapeutiques de chaque maladie, la médecine opératoire, les accouchements, l'oculistique, l'odontotechnie, les maladies d'oreilles, l'électrisation, la matière médicale, les eaux minérales, et un formulaire spécial pour chaque maladie. 5e édition, très augmentée. 1 vol. in-4, avec 950 fig. dans le texte et 3 cartes. Br. 25 fr.; cart. 27 fr. 50; relié. 29 fr.

CHARCOT. **Clinique des maladies du système nerveux.** 2 vol. in-8, chacun séparément. 12 fr.

CORNIL ET BABES. **Les bactéries et leur rôle dans l'anatomie et l'histologie pathologiques des maladies infectieuses.** 2 vol. in-8, avec 350 fig. dans le texte en noir et en couleurs et 12 pl. hors texte, 3e éd. entièrement refondue, 1890. 40 fr.

DAMASCHINO. **Leçons sur les maladies des voies digestives.** 1 vol. in-8, 3e tirage, 1888. 14 fr.

DAVID. **Les microbes de la bouche.** 1 vol. in-8 avec gravures en noir et en couleurs dans le texte. 10 fr.

DÉJERINE-KLUMPKE (Mme). **Des polynévrites et des paralysies et atrophies saturnines.** 1 vol. in-8. 1889. 6 fr.

DESPRÉS. **Traité théorique et pratique de la syphilis**, ou infection purulente syphilitique. 1 vol. in-8. 7 fr.

DUCKWORTH (Sir Dyce). **La goutte**, son traitement. Trad. de l'anglais par le Dr Rodet. 1 vol. gr. in-8 avec gr. dans le texte. 10 fr.

DURAND-FARDEL. **Traité des eaux minérales** de la France et de l'étranger, et de leur emploi dans les maladies chroniques, 3e édition. 1 vol. in-8. 10 fr.

DURAND-FARDEL. **Traité pratique des maladies des vieillards,** 2e édition. 1 fort vol. gr. in-8. 14 fr.

FÉRÉ (Ch.). **Les épilepsies et les épileptiques.** 1 vol. gr. in-8 avec 12 planches hors texte et 67 grav. dans le texte. 1890. 20 fr.

FÉRÉ (Ch.). **Le traitement des aliénés dans les familles.** 1 vol. in-18. 2e éd.; cart. à l'anglaise. 3 fr.

FÉRÉ (Ch.). **La famille névropathique.** 1 vol. in-12, cartonné à l'anglaise, avec gravures. 1894. 4 fr.

FÉRÉ (Ch.). **La pathologie des émotions.** 1 vol. in-8. 1893. 12 fr.

FINGER (E.). **La blennorrhagie et ses complications.** 1 vol. in-8 avec 36 grav. et 7 pl. hors texte. Traduit de l'allemand par le docteur Hogge, 1894. 12 fr.

HÉRARD, CORNIL et HANOT. **De la phtisie pulmonaire.** 1 vol. in-8, avec fig. dans le texte et pl. coloriées. 2e éd. 20 fr.

ICARD. **La femme pendant la période menstruelle.** Étude de psychologie morbide et de médecine légale. 1 vol. in-8. 6 fr.

KUNZE. **Manuel de médecine pratique,** traduit de l'allemand par M. Knoeri. 1 vol. in-18. 1 fr. 50

LANCEREAUX. **Traité historique et pratique de la syphilis.** 2e édition. 1 vol. gr. in-8, avec fig. et planches color. 17 fr.

MARVAUD (A.). **Les maladies du soldat,** étude étiologique, épidémiologique et prophylactique. 1 vol. grand in-8. 1894. 20 fr.
Ouvrage couronné par l'Académie des sciences.

MAUDSLEY. **La pathologie de l'esprit.** 1 vol. in-8. 10 fr.

MURCHISON. **De la fièvre typhoïde,** avec notes et introduction du docteur H. Gueneau de Mussy. 1 vol. in-8, avec figures dans le texte et planches hors texte. 3 fr.

NIEMEYER. **Éléments de pathologie interne et de thérapeutique,** traduit de l'allemand, annoté par M. Cornil. 3e édit. franç., augmentée de notes nouvelles. 2 vol. gr. in-8. 4 fr. 50

NOIR (J.). **Étude sur les tics,** chez les dégénérés, les imbéciles et les idiots. 1 vol. in-8. 1893. 4 fr.

ONIMUS et LEGROS. **Traité d'électricité médicale.** 1 fort vol. in-8, avec 275 figures dans le texte. 2e édition. 17 fr.

RILLIET et BARTHEZ. **Traité clinique et pratique des maladies des enfants.** 3e édit., refondue et augmentée, par Barthez et A. Sanné. Tome I, 1 fort vol. gr. in-8. 16 fr.
Tome II, 1 fort vol. gr. in-8. 14 fr.
Tome III terminant l'ouvrage, 1 fort vol. gr. in-8. 25 fr.

SIMON (Paul). **Conférences cliniques sur la tuberculose des enfants.** 1 vol. in-8. 1893. 3 fr.

SPRINGER. **La croissance.** Son rôle dans la pathologie infantile. 1 vol. in-8. 6 fr.

TAYLOR. **Traité de médecine légale,** traduit sur la 7e édition anglaise, par le Dr. Henri Coutagne. 1 vol. gr. in-8. 4 fr. 50

VOISIN (J.). **L'idiotie.** Hérédité et dégénérescence mentale, psychologie et éducation de l'idiot. 1 vol. in-12 avec gravures cartonné à l'anglaise. 4 fr.

B. — Pathologie et thérapeutique chirurgicales.

ANGER (Benjamin). **Traité iconographique des fractures et luxations.** 1 fort volume in-4, avec 100 planches coloriées, contenant 254 figures, et 127 bois intercalés dans le texte. 2e tirage. Relié. 150 fr.

BILLROTH et WINIWARTER. **Traité de pathologie et de clinique chirurgicales générales,** traduit de l'allemand, 2e édit. d'après la 10e édit. allemande. 1 fort vol. gr. in-8, avec 180 fig. dans le texte. 20 fr.

CHIPAULT (A.). **Études de chirurgie médullaire,** historique, médecine opératoire, traitement. 1 vol. in-8 avec 66 gravures et 2 planches hors texte. 15 fr.

Congrès français de chirurgie. Mémoires et discussions, publiés par MM. Pozzi, secrétaire général, et Picqué, secrétaire général adjoint.
1re, 2e et 3e sessions : 1885, 1886, 1888, 3 forts vol. gr. in-8, avec fig., chacun, 14 fr. — 4e session : 1889, 1 fort vol. gr. in-8, avec fig., 16 fr. — 5e session : 1891, 1 fort vol. gr. in-8, avec fig., 14 fr. — 6e session : 1892, fort vol. gr. in-8, avec fig.. 16 fr. — 7e session : 1893, 1 fort vol. gr. in-8. 18 fr.

DE ARLT. **Des blessures de l'œil,** considérées au point de vue pratique et médico-légal. 1 vol. in-18. 1 fr. 25

DELORME. **Traité de chirurgie de guerre.** 2 vol. gr. in-8, avec grav. dans le texte.
Tome I, avec 95 grav. dans le texte et 1 pl. hors texte. 16 fr.
Tome II, terminant l'ouvrage, avec 400 grav. dans le texte 26 fr.
Ouvrage couronné par l'Académie des sciences.

FRITSCH. **Traité clinique des opérations obstétricales,** traduit de l'allemand par le docteur Stas. 1 vol. gr. in-8, avec 90 gravures en noir et en couleurs. 10 fr.

JAMAIN et TERRIER. **Manuel de pathologie et de clinique chirurgicales.** 3e édition. Tome I, 1 fort vol. in-18. 8 fr. — Tome II, 1 vol. in-18. 8 fr. — Tome III, avec la collaboration de MM. Broca et Hartmann, 1 vol. in-18. 8 fr. — Tome IV, avec la collaboration de MM. Broca et Hartmann, 1 vol. in-18. 8 fr.

LIEBREICH. **Atlas d'ophtalmoscopie,** représentant l'état normal et les modifications pathologiques du fond de l'œil vues à l'ophtalmoscope. 3e édition, atlas in-f° de 12 planches, 59 figures en couleurs. 40 fr.

MAC CORMAC. **Manuel de chirurgie antiseptique,** traduit de l'anglais par M. le docteur Lutaud. 1 fort vol. in-8. 2 fr.

MALGAIGNE et LE FORT. **Manuel de médecine opératoire.** 9e édit. 2 vol. gr. in-18, avec nombreuses fig. dans le texte. 16 fr.

NÉLATON. **Éléments de pathologie chirurgicale,** par A. Nélaton, membre de l'Institut, professeur de clinique à la Faculté de médecine, etc. Ouvrage complet en 6 volumes.

Seconde édition, complétement remaniée, revue par les Drs JAMAIN, PÉAN, DESPRÉS, GILLETTE et HORTELOUP, chirurgiens des hôpitaux. 6 forts vol. gr. in-8, avec 795 figures dans le texte. 32 fr.

PAGET (sir James). **Leçons de clinique chirurgicale,** traduites de l'anglais par le docteur L.-H. PETIT, et précédées d'une introduction de M. le professeur VERNEUIL. 1 vol. grand in-8. 8 fr.

PÉAN. **Leçons de clinique chirurgicale, professées à l'hôpital Saint-Louis,** de 1876 à 1880. Tomes II à IV, 3 vol. in-8, avec fig. et pl. coloriées. Chaque vol. séparément. 20 fr.
Tomes V, VI, VII et VIII, années 1881-82, 1883-84, 1885-86, 1887-88, 4 vol. in-8. Chacun. 25 fr.
Le tome Ier est épuisé.

POZZI (A.). **Manuel de l'art des accouchements.** 1 vol. in-8 (*sous presse*).

REBLAUB. **Des cystites non tuberculeuses chez la femme.** 1892. 1 vol. in-8. 4 fr.

RICHARD. **Pratique journalière de la chirurgie.** 1 vol. gr. in-8, avec 215 fig. dans le texte. 2e édit., augmentée de chapitres inédits de l'auteur, et revue par le Dr J. CRAUK. 5 fr.

ROTTENSTEIN. **Traité d'anesthésie chirurgicale,** contenant la description et les applications de la méthode anesthésique de PAUL BERT. 1 vol. in-8, avec figures. 10 fr.

SOELBERG-WELLS. **Traité pratique des maladies des yeux.** 1 fort vol. gr. in-8, avec figures. 4 fr. 50

TERRIER. **Éléments de pathologie chirurgicale générale.**
1er fascicule : *Lésions traumatiques et leurs complications.* 1 vol. in-8. 7 fr.
2° fascicule : *Complications des lésions traumatiques. Lésions inflammatoires.* 1 vol. in-8. 6 fr.
Le 3e et dernier fascicule. (*Sous presse.*)

TERRIER et BAUDOUIN. **De l'hydronéphrose intermittente.** 1892. 1 vol. in-8. 5 fr.

TERRIER et PÉRAIRE. **Manuel de petite chirurgie de Jamain,** 7e éd. refondue, 1893. 1 vol. in-18, avec gr. Cart. à l'angl. 8 fr.

TERRIER et PÉRAIRE. **Petit manuel d'antisepsie et d'asepsie chirurgicales,** 1 vol. in-18, avec grav. Cart. à l'angl. 3 fr.

TERRIER et PÉRAIRE. **Petit manuel d'anesthésie chirurgicale.** 1 vol. in-18 avec grav., cart. à l'angl. 3 fr.

TRUC. **Du traitement chirurgical de la péritonite.** 1 vol. in-8. 4 fr.

VIRCHOW. **Pathologie des tumeurs,** cours professé à l'université de Berlin, traduit de l'allemand par le docteur ARONSSOHN.
Tome Ier, 1 vol. gr. in-8, avec 106 fig. 3 fr. 75
Tome II, 1 vol. gr. in-8, avec 74 fig. 3 fr. 75
Tome III, 1 vol. gr. in-8, avec 49 fig. 3 fr. 75
Tome IV (1er fascicule), 1 vol. gr. in-8, avec figures. 1 fr. 50

YVERT. **Traité pratique et clinique des blessures du globe de l'œil.** 1 vol. gr. in-8. 12 fr.

C. — Thérapeutique. Pharmacie. Hygiène.

BOUCHARDAT. Nouveau formulaire magistral, précédé d'une Notice sur les hôpitaux de Paris, de généralités sur l'art de formuler, suivi d'un Précis sur les eaux minérales naturelles et artificielles, d'un Mémorial thérapeutique, de notions sur l'emploi des contrepoisons et sur les secours à donner aux empoisonnés et aux asphyxiés. 1894, 30e édition, revue et corrigée. 1 vol. in-18, broché, 3 fr. 50; cartonné, 4 fr.; relié. **4 fr. 50**

BOUCHARDAT et VIGNARDOU. Formulaire vétérinaire, contenant le mode d'action, l'emploi et les doses des médicaments. 4e édit. 1 vol. in-18, br. 3 fr. 50, cart. 4 fr., relié. **4 fr. 50**

BOUCHARDAT. De la glycosurie ou diabète sucré, son traitement hygiénique. 2e édition. 1 vol. grand in-8, suivi de notes et documents sur la nature et le traitement de la goutte, la gravelle urique, sur l'oligurie, le diabète insipide avec excès d'urée, l'hippurie, la pimélorrhée, etc. **15 fr.**

BOUCHARDAT. Traité d'hygiène publique et privée, basée sur l'étiologie. 1 fort vol. gr. in-8. 3e édition, 1887. **18 fr.**

DURAND-FARDEL. Les eaux minérales et les maladies chroniques. 1 vol. in-18. 2e édition; cart. **4 fr.**

ICARD (S.). L'alimentation des nouveau-nés, l'hygiène de l'allaitement artificiel. 1 vol. in-12, avec grav. Cartonné à l'anglaise. **4 fr.**
Ouvrage couronné par l'Académie de médecine et par la Société protectrice de l'enfance de Paris.

LAGRANGE (F.). La médication par l'exercice. 1 vol. grand in-8, avec 68 grav. et une carte. 1894. **12 fr.**

LAUMONIER (J.). Hygiène de l'alimentation dans l'état de santé et de maladie. 1 vol. in-12, avec grav., cartonné à l'anglaise. 1894. **4 fr.**

LEVILLAIN. Hygiène des gens nerveux. 1 vol. in-18. 2e édition, br. 3 fr. 50; en cart. anglais.

MACARIO (M.). Manuel d'hydrothérapie suivi d'une instruction sur les bains de mer. 1 vol. in-18, 4e édition, 1889, 2 fr. 50; cart. **3 fr.**

WEBER. Climatothérapie, traduit de l'allemand par les docteurs DOYON et SPILLMANN. 1 vol. in-8, 1886. **6 fr.**

D. — Anatomie. Physiologie. Histologie.

ALAVOINE. Tableaux du système nerveux. Deux grands tableaux, avec figures. **1 fr. 50**

BAIN (Al.). Les sens et l'intelligence, traduit de l'anglais par M. Cazelles. 1 vol. in-8. **10 fr.**

BASTIAN (Charlton). Le cerveau, organe de la pensée, chez l'homme et chez les animaux. 2 vol. in-8, avec 184 figures dans le texte. **12 fr.**

BELZUNG. Anatomie et physiologie animales. 1 fort vol. in-8 avec 522 gravures dans le texte. 5e éd., revue. 6 fr., cart. 7 fr.

BÉRAUD (B.-J.). **Atlas complet d'anatomie chirurgicale topographique,** pouvant servir de complément à tous les ouvrages d'anatomie chirurgicale, composé de 109 planches représentant plus de 200 gravures dessinées d'après nature par M. Bion, et avec texte explicatif. 1 fort vol. in-4.
Prix : fig. noires, relié, 60 fr. — Fig. coloriées, relié, 120 fr. Toutes les pièces, disséquées dans l'amphithéâtre des hôpitaux, ont été reproduites d'après nature par M. Bion, et ensuite gravées sur acier par les meilleurs artistes.

BERNARD (Claude). **Leçons sur les propriétés des tissus vivants,** avec 94 fig. dans le texte. 1 vol. in-8. 2 fr. 50

BERNSTEIN. **Les sens.** 1 vol. in-8, avec fig. 3e édit., cart. 6 fr.

BURDON-SANDERSON, FOSTER et BRUNTON. **Manuel du laboratoire de physiologie,** traduit de l'anglais par M. Moquin-Tandon. 1 vol. in-8, avec 184 figures dans le texte, 1883. 7 fr.

CORNIL, RANVIER et BRAULT. **Manuel d'histologie pathologique.** 3e édition. 2 vol. in-8, avec nombreuses figures dans le texte. (Sous presse.)

DEBIERRE. **La moelle épinière et l'encéphale,** avec applic. physiol. et médico-chirurg. 1 vol. in-8, avec 242 fig., en noir et en couleurs. 1893. 12 fr.

DEBIERRE. **Traité élémentaire d'anatomie de l'homme.** Anatomie descriptive et dissection, avec notions d'organogénie et d'embryologie générales. Ouvrage complet en 2 volumes. 40 fr.
Tome I, *Manuel de l'amphithéâtre,* 1 vol. in-8 de 950 pages avec 450 figures en noir et en couleurs dans le texte. 1890. 20 fr.
Tome II et dernier : 1 vol. in-8 avec 515 figures en noir et en couleur dans le texte. 20 fr.
Ouvrage couronné par l'Académie des sciences.

DEBIERRE et DOUMER. **Vues stéréoscopiques des centres nerveux.** 48 planches photographiques avec un album. 20 fr.

DEBIERRE et DOUMER. **Album des centres nerveux.** 1 fr. 50

FAU. **Anatomie des formes du corps humain,** à l'usage des peintres et des sculpteurs. 1 atlas in-folio de 25 planches Prix : fig. noires, 15 fr. — Fig. coloriées. 30 fr.

FERRIER. **Les fonctions du cerveau.** 1 v. in-8, avec 68 fig. 3 fr.

F. LAGRANGE. **Physiologie des exercices du corps.** Couronné par l'Institut. 6e édit. 1 vol. in-8, cart. 6 fr.

F. LAGRANGE. **L'hygiène de l'exercice chez les enfants et les jeunes gens.** 1 vol. in-18, 5e éd. 3 fr. 50 ; cart. 4 fr.

F. LAGRANGE. **De l'exercice chez les adultes.** 1 vol. in-18, 2e édition, 3 fr. 50 ; cartonnage anglais. 4 fr.

LEVILLAIN. **Hygiène des gens nerveux.** 1 vol. in-18, 2e éd. 3 fr. 50 ; cartonnage anglais. 4 fr.

LABORDE. **Les tractions rythmées de la langue,** traitement physiologique de la mort. 1 vol. in-12. 1894. 3 fr. 50

LEYDIG. **Traité d'histologie comparée de l'homme et des animaux.** 1 fort vol. in-8, avec 200 figures. 4 fr. 50

LONGET. **Traité de physiologie.** 3e édition, 3 vol. gr. in-8, avec figures. 12 fr.

MAREY. **Du mouvement dans les fonctions de la vie.** 1 vol. in-8, avec 200 figures dans le texte. 3 fr.

POZZI (A). **Éléments d'anatomie et de physiologie génitale et obstétricale,** avec 219 grav. dans le texte. Cartonné à l'anglaise. 1894. 4 fr.

PREYER. **Éléments de physiologie générale.** Traduit de l'allemand par M. J. Soury. 1 vol. in-8. 5 fr.

PREYER. **Physiologie spéciale de l'embryon.** 1 vol. in-8, avec figures et 9 planches hors texte. 7 fr. 50.

VIALET. **Les centres cérébraux de la vision et l'appareil visuel intra-cérébral.** 1 vol. grand in-8, avec 90 gravures. 1893. 15 fr.

E. — Physique. Chimie. Histoire naturelle.

AGASSIZ. **De l'espèce et des classifications en zoologie.** 1 vol. in-8, cart. 5 fr.

BERTHELOT. **La synthèse chimique.** 1 vol. in-8 ; 6e édit., cart. 6 fr.

BERTHELOT. **La révolution chimique, Lavoisier.** 1 vol. in-8, cart. 6 fr.

COOKE et BERKELEY. **Les champignons,** avec 110 figures dans le texte. 1 vol. in-8. 4o édition, cart. 6 fr.

DAUBRÉE. **Les régions invisibles du globe et des espaces célestes.** 1 vol. in-8 avec gravures. 2e édit. Cart. 6 fr.

GRÉHANT. **Manuel de physique médicale.** 1 vol. in-18, avec 469 figures dans le texte. 7 fr.

GRIMAUX. **Chimie organique élémentaire.** 6e édit. 1 vol. in-18, avec figures. 5 fr.

GRIMAUX. **Chimie inorganique élémentaire.** 6e édit., 1 vol. in-18, avec figures. 5 fr.

HERBERT SPENCER. **Principes de biologie,** traduit de l'anglais par M. C. Cazelles. 2 vol. in-8. 20 fr.

HUXLEY. **La physiographie,** introduction à l'étude de la nature. 1 vol. in-8 avec 128 figures dans le texte et 2 planches hors texte. 2e éd. 8 fr.

LUBBOCK. **Origines de la civilisation,** état primitif de l'homme et mœurs des sauvages modernes, traduit de l'anglais. 3e édition. 1 vol. in-8, avec fig. Broché, 15 fr. — Relié. 18 fr.

LUBBOCK. **L'homme préhistorique.** 2 vol. in-8 avec 228 gravures dans le texte, cart. 12 fr.

PISANI (F.). **Traité pratique d'analyse chimique qualitative et quantitative,** à l'usage des laboratoires de chimie. 1 vol. in-12. 4o édit., augmentée d'un traité d'*analyse au chalumeau*. 3 fr. 50

PISANI et DIRVELL. **La chimie du laboratoire.** 1 vol. in-12, 2e éd. revue, avec grav. 4 fr.

THÉVENIN (E.). **Dictionnaire abrégé des sciences physiques et naturelles,** revu par H. de Varigny. 1 volume in-18 de 630 pages, cartonné à l'anglaise. . . . . 5 fr.

BIBLIOTHÈQUE
D'HISTOIRE CONTEMPORAINE

Volumes in-18 à 3 fr. 50. — Volumes in-8 à 5, 7 et
12 francs. Cartonnage toile, 50 c. en plus par vol.
in-18, 1 fr. par vol. in-8.

EUROPE

HISTOIRE DE L'EUROPE PENDANT LA RÉVOLUTION FRANÇAISE, par *H. de
Sybel*. Traduit de l'allemand par Mlle Dosquet. 6 vol. in-8 . . 42 fr.
HISTOIRE DIPLOMATIQUE DE L'EUROPE, DE 1815 A 1878, par *Debidour*.
2 vol. in-8. . . . . 18 fr.

FRANCE

HISTOIRE DE LA RÉVOLUTION FRANÇAISE, par *Carlyle*. 3 vol. in-18. 10 50
LA RÉVOLUTION FRANÇAISE, par *H. Carnot*. 1 vol. in-18. Nouv. édit. 3 50
HISTOIRE DE LA RESTAURATION, par *de Rochau*. 1 vol. in-18. . . . 3 50
HISTOIRE DE DIX ANS, par *Louis Blanc*. 5 vol. in-8. . . . . 25 »
HISTOIRE DE HUIT ANS (1840-1848), par *Elias Regnault*. 3 vol. in-18. 15 »
HISTOIRE DU SECOND EMPIRE (1848-1870), par *Taxile Delord*. 6 volumes
in-8. . . . . 42 fr.
LA GUERRE DE 1870-1871, par *Boert*. 1 vol. in-18. . . . . 3 50
LA FRANCE POLITIQUE ET SOCIALE, par *Aug. Laugel*. 1 volume in-8. 5 fr.
LES COLONIES FRANÇAISES, par *P. Gaffarel*, 1 vol. in-8, 4° éd. . . 5 fr.
L'EXPANSION COLONIALE DE LA FRANCE, étude économique, politique et
géographique sur les établissements français d'outre-mer, par *J.-L. de
Lanessan*. 1 vol. in-8 avec 19 cartes hors texte. . . . . 12 fr.
L'INDO-CHINE FRANÇAISE, étude économique, politique et administrative
sur *la Cochinchine, le Cambodge, l'Annam et le Tonkin* (médaille Du-
pleix de la Société de Géographie commerciale), par *J.-L. de Lanessan*.
1 vol. in-8, avec 5 cartes en couleurs. . . . . 15 fr.
L'ALGÉRIE, par *M. Wahl*. 1 vol. in-8, 2° édition. Ouvrage couronné par
l'Institut. . . . . 5 fr.
L'EMPIRE D'ANNAM ET LES ANNAMITES, par *J. Silvestre*. 1 vol. in-18 avec
carte. 3 50

ANGLETERRE

HISTOIRE GOUVERNEMENTALE DE L'ANGLETERRE, DEPUIS 1770 JUSQU'A 1830,
par sir *G. Cornewal Lewis*. 1 vol. in-8, traduit de l'anglais . . . 7 fr.
HISTOIRE CONTEMPORAINE DE L'ANGLETERRE, depuis la mort de la reine
Anne jusqu'à nos jours, par *H. Reynald*. 1 vol. in-18. 2° éd. . 3 50
LES QUATRE GEORGES, par *Thackeray*. 1 vol. in-18. . . . . 3 50
LOMBART-STREET, le marché financier en Angleterre, par *W. Bagehot*.
1 vol. in-18 . . . . 3 50
LORD PALMERSTON ET LORD RUSSEL, par *Aug. Laugel*. 1 vol. in-18. 3 50
QUESTIONS CONSTITUTIONNELLES (1873-1878), par *E.-W. Gladstone*, pré-
cédées d'une introduction par *Albert Gigot*. 1 vol. in-8. . . . . 5 fr.

ALLEMAGNE

HISTOIRE DE LA PRUSSE, depuis la mort de Frédéric II jusqu'à la ba-
taille de Sadowa, par *Eug. Véron*. 1 vol. in-18. 6° éd. revue par *Paul
Bondois*. 3 50
HISTOIRE DE L'ALLEMAGNE, depuis la bataille de Sadowa jusqu'à nos jours,
par *Eug. Véron*. 1 vol. in-18, 3° éd. continuée jusqu'en 1892, par
Paul Bondois. 3 50
L'ALLEMAGNE ET LA RUSSIE AU XIX° SIÈCLE, par *Eug. Simon*. 1 vol.
in-18. . . . . 3 50

AUTRICHE-HONGRIE

HISTOIRE DE L'AUTRICHE, depuis la mort de Marie-Thérèse jusqu'à nos jours, par *L. Asseline*. 1 vol. in-18. 3e éd. 3 50

ESPAGNE

HISTOIRE DE L'ESPAGNE, depuis la mort de Charles III jusqu'à nos jours, par *H. Reynald*. 1 vol. in-18 . . . . 3 50

RUSSIE

HISTOIRE CONTEMPORAINE DE LA RUSSIE, par *M. Créhange*. 1 vol. in-18 . . . . 3 50

SUISSE

HISTOIRE DU PEUPLE SUISSE, par *Daendliker*, précédée d'une Introduction par *Jules Favre*. 1 vol. in-18. . . . . 5 fr.

AMÉRIQUE

HISTOIRE DE L'AMÉRIQUE DU SUD, par *Alf. Deberle*. 1 vol. in-18. 2e éd. 3 50
LES ÉTATS-UNIS pendant la guerre, 1861-1864, par *A. Langel*, 1 vol. in-18. . . . . 3 50

ITALIE

HISTOIRE DE L'ITALIE, depuis 1815 jusqu'à la mort de Victor-Emmanuel, par *E. Sorin*. 1 vol. in-18 . . . . 3 50

TURQUIE

LA TURQUIE ET L'HELLÉNISME CONTEMPORAIN, par *V. Bérard*. 1 vol. in-18.
Ouvrage couronné par l'Académie française. 3 50

Jules Barni. HISTOIRE DES IDÉES MORALES ET POLITIQUES EN FRANCE AU XVIIIe SIÈCLE. 2 vol. in-18, chaque volume 3 50
— LES MORALISTES FRANÇAIS AU XVIIIe SIÈCLE. 1 vol. in-18. . . . 3 50
Émile Beaussire. LA GUERRE ÉTRANGÈRE ET LA GUERRE CIVILE. 1 vol. in-18 . . . . 3 50
E. de Laveleye. LE SOCIALISME CONTEMPORAIN. 1 vol. in-18. 9e éd. augm. 3 50
E. Despois. LE VANDALISME RÉVOLUTIONNAIRE. 1 vol. in-18. 2e éd. 3 50
M. Pellet. VARIÉTÉS RÉVOLUTIONNAIRES, avec une Préface de *A. Ranc*. 3 vol. in-18, chaque vol. 3 50
Eug. Spuller. FIGURES DISPARUES, portraits contemporains, littéraires et politiques. 3 vol. in-18, chaque vol. 3 50
Eug. Spuller. HISTOIRE PARLEMENTAIRE DE LA DEUXIÈME RÉPUBLIQUE. 1 vol. in-18, 2e édit. 3 50
Eug. Spuller. L'ÉDUCATION DE LA DÉMOCRATIE. 1 vol. in-18. 3 fr. 50
Eug. Spuller. L'ÉVOLUTION POLITIQUE ET SOCIALE DE L'ÉGLISE, 1 vol. in-18. . . . . 3 50
J. Bourdeau. LE SOCIALISME ALLEMAND ET LE NIHILISME RUSSE. 1 vol. in-18. 2e édition. 3 50
G. Guéroult. LE CENTENAIRE DE 1789. Évolution politique, philosophique, artistique et scientifique de l'Europe depuis cent ans. 1 vol. in-18. . . . . 3 50
Clamageran. LA FRANCE RÉPUBLICAINE. 1 vol. in-18. . . . . 3 50
Aulard. LE CULTE DE LA RAISON ET LE CULTE DE L'ÊTRE SUPRÊME (1793-1794). Etude historique. 1 vol. in-18. . . . . 3 50
Aulard. ETUDES ET LEÇONS SUR LA RÉVOLUTION FRANÇAISE. 1 vol. in-18. . . . . 3 50
Joseph Reinach. PAGES RÉPUBLICAINES. 1 vol. in-18. . . 3 fr. 50
Hector Depasse. TRANSFORMATIONS SOCIALES. 1 vol. in-18. 3 fr. 50

BIBLIOTHÈQUE DE PHILOSOPHIE CONTEMPORAINE

VOLUMES IN-18.

Br., 2 fr. 50 ; cart. à l'angl., 3 fr. ; reliés, 4 fr.

H. Taine.
L'Idéalisme anglais, étude sur Carlyle.
Philosophie de l'art dans les Pays-Bas. 2e édition.
Philosophie de l'art en Grèce. 2e édit.

Paul Janet.
Le Matérialisme contemp. 5e édit.
Philosophie de la Révolution française. 5e édit.
Le Saint-Simonisme.
Origines du socialisme contemporain. 2e éd.
La philosophie de Lamennais.

Alaux.
Philosophie de M. Cousin.

Ad. Franck.
Philosophie du droit pénal. 3e édit.
Des rapports de la religion et de l'État. 2e édit.
La philosophie mystique en France au XVIIIe siècle.

Beaussire.
Antécédents de l'hégélianisme dans la philosophie française.

Ed. Auber.
Philosophie de la médecine.

Charles de Rémusat.
Philosophie religieuse.

Charles Lévêque.
Le Spiritualisme dans l'art.
La Science de l'invisible.

Émile Saisset.
L'Âme et la vie.
Critique et histoire de la philosophie (frag. et disc.).

Auguste Laugel.
L'Optique et les Arts.
Les problèmes de la nature.
Les problèmes de la vie.
Les problèmes de l'âme.

Albert Lemoine.
Le Vitalisme et l'Animisme.

Milsand.
L'Esthétique anglaise.

Schœbel.
Philosophie de la raison pure.

Jules Levallois.
Déisme et Christianisme.

Camille Selden.
La Musique en Allemagne.

Stuart Mill.
Auguste Comte et la philosophie positive. 4e édition.
L'Utilitarisme. 2e édition.

Mariano.
La Philosophie contemp. en Italie.

Saigey.
La Physique moderne. 2e tirage.

E. Faivre.
De la variabilité des espèces.

Ernest Bersot.
Libre philosophie.

W. de Fonvielle.
L'astronomie moderne.

Herbert Spencer.
Classification des sciences. 4e édit.
L'individu contre l'État. 3e éd.

Gauckler.
Le Beau et son histoire.

Bertauld.
L'ordre social et l'ordre moral.
De la philosophie sociale.

Th. Ribot.
La philosophie de Schopenhauer, 5e édition.
Les maladies de la mémoire. 8e édit.
Les maladies de la volonté. 8e édit.
Les maladies de la personnalité. 5e éd.
La psychologie de l'attention.

Hartmann.
La Religion de l'avenir. 2e édition.
Le Darwinisme. 3e édition.

Schopenhauer.
Le libre arbitre. 6ᵉ édition.
Le fondement de la morale. 4ᵉ édit.
Pensées et fragments. 11ᵉ édition.

Liard.
Les Logiciens anglais contemporains. 3ᵉ édition.
Les définitions géométriques et les définitions empiriques. 2ᵉ édit.

Marion.
J. Locke, sa vie, son œuvre. 2ᵉ édit.

O. Schmidt.
Les sciences naturelles et la philosophie de l'inconscient.

Barthélemy Saint-Hilaire.
De la métaphysique.

A. Espinas.
Philosophie expérim. en Italie.

Conta.
Fondements de la métaphysique.

John Lubbock.
Le bonheur de vivre. 2 vol.

Maus.
La justice pénale.

P. Siciliani.
Psychogénie moderne.

Leopardi.
Opuscules et Pensées.

A. Lévy.
Morceaux choisis des philosophes allemands.

Roisel.
De la substance.

Zeller.
Christian Baur et l'école de Tubingue.

Stricker.
Du langage et de la musique.

Coste.
Les conditions sociales du bonheur et de la force. 3ᵉ édition.

Binet.
La psychologie du raisonnement.
Introduction à la psychologie expérimentale.

G. Ballet.
Langage intérieur et aphasie. 2ᵉ éd.

Mosso.
La peur.
La fatigue intellectuelle et physique.

Tarde.
La criminalité comparée. 3ᵉ éd.
Les transformations du droit. 2ᵉ éd.

Paulhan.
Les phénomènes affectifs.

Ch. Richet.
Psychologie générale. 2ᵉ éd.

Delbœuf.
Matière brute et mat. vivante.

Ch. Féré.
Sensation et mouvement.
Dégénérescence et criminalité.

Vianna de Lima.
L'homme selon le transformisme.

L. Arréat.
La morale dans le drame, l'épopée et le roman. 2ᵉ édition.

De Roberty.
L'inconnaissable.
L'agnosticisme.
La recherche de l'Unité.
Auguste Comte et Herbert Spencer.

Bertrand.
La psychologie de l'effort.

Guyau.
La genèse de l'idée de temps.

Lombroso.
L'anthropologie criminelle. 2ᵉ éd.
Nouvelles recherches de psychiatrie et d'anthropologie criminelle.
Les applications de l'anthropologie criminelle.

Tissié.
Les rêves, physiologie, pathologie.

Thamin.
Éducation et positivisme.

Sighele.
La foule criminelle.

Pioger.
Le monde physique.

Queyrat.
L'imagination chez l'enfant.

G. Lyon.
La philosophie de Hobbes.

Wundt.
Hypnotisme et suggestion.

Fonsegrive.
La causalité efficiente.

Th. Ziegler.
La question sociale est une question morale.

Louis Bridel.
Le droit des femmes et le mariage.

G. Danville.
La psychologie de l'amour.

Gust. Le Bon.
Lois psychologiques de l'évolution des peuples.

VOLUMES IN-8.

Br. à 5, 7 50 et 10 fr.; cart. angl., 4 fr. de plus par vol.; rel., 2 fr.

Barni.
Morale dans la démocratie. 2e éd. 5 fr.

Agassiz.
De l'espèce et des classifications. 5 fr.

Stuart Mill.
La philosophie de Hamilton. 10 fr.
Mes mémoires. 5 fr.
Système de logique déductive et inductive. 3e édit. 2 vol. 20 fr.
Essais sur la Religion. 2e édit. 5 fr.

Herbert Spencer.
Les premiers principes. 10 fr.
Principes de psychologie. 2 vol. 20 fr.
Principes de biologie. 2 vol. 20 fr.
Principes de sociologie. 4 vol. 36 fr. 25
Essais sur le progrès. 5e éd. 7 fr. 50
Essais de politique. 3e éd. 7 fr. 50
Essais scientifiques. 2e éd. 7 fr. 50
De l'éducation physique, intellectuelle et morale. 10e édit. 5 fr.
Introduction à la science sociale. 10e éd. 6 fr.
Les bases de la morale évolutionniste. 5e éd. 6 fr.

Collins.
Résumé de la philosophie de Herbert Spencer. 2e éd. 10 fr.

Auguste Laugel.
Les problèmes. 7 fr. 50

Émile Saigey.
Les sciences au XVIIe siècle. La physique de Voltaire. 5 fr.

Paul Janet.
Les causes finales. 2e édit. 10 fr.
Histoire de la science politique dans ses rapports avec la morale. 3e édit. augm., 2 vol. 20 fr.
Victor Cousin et son œuvre. 7 fr. 50

Th. Ribot.
L'hérédité psychologique. 4e édition. 7 fr. 50
La psychologie anglaise contemporaine. 3e éd. 7 fr. 50
La psychologie allemande contemporaine. 2e éd. 7 fr. 50

Alf. Fouillée.
La liberté et le déterminisme. 2e édit. 7 fr. 50
Critique des systèmes de morale contemporains. 3e éd. 7 fr. 50
La morale, l'art et la religion d'après M. Guyau. 2e éd. 3 fr. 75
L'avenir de la métaphysique fondée sur l'expérience. 5 fr.
L'évolutionnisme des idées-forces. 7 fr. 50
La psychologie des idées-forces. 2 vol. 15 fr.

Bain (Alex.).
La logique inductive et déductive. 2e édit. 20 fr.
Les sens et l'intelligence. 2e édit. 10 fr.
L'esprit et le corps. 5e édit. 6 fr.
La science de l'éducation. 7e éd. 6 fr.
Les émotions et la volonté. 10 fr.

Matthew Arnold.
La crise religieuse. 7 fr. 50

Flint.
La philosophie de l'histoire en Allemagne. 7 fr. 50

Liard.
La science positive et la métaphysique. 3e édit. 7 fr. 50
Descartes. 5 fr.

Guyau.
La morale anglaise contemporaine. 3e éd. 7 fr. 50
Les problèmes de l'esthétique contemporaine. 2e éd. 5 fr.
Esquisse d'une morale sans obligation ni sanction. 2e éd. 5 fr.
L'irréligion de l'avenir. 3e éd. 7 fr. 50
L'art au point de vue sociologique. 2e éd. 7 fr. 50
Hérédité et éducation. 2e éd. 5 fr.

Huxley.
Hume, sa vie, sa philosophie. 5 fr.

E. Naville.
La logique de l'hypothèse. 2e éd. 5 fr.
La physique moderne. 2e édit. 5 fr.
La définition de la philosophie. 5 fr.

Et. Vacherot.

Essais de philosophie critique. 7 fr. 50
La religion. 7 fr. 50

Marion.

La solidarité morale. 3e édit. 5 fr.

Schopenhauer.

Aphorismes sur la sagesse dans la
vie. 4e édit. 5 fr.
La quadruple racine du principe
de la raison suffisante. 5 fr.
Le monde comme volonté et représentation. 3 vol. 22 fr. 50

James Sully.

Le pessimisme. 2e éd. 7 fr. 50

Buchner.

Science et nature. 2e édition. 7 fr. 50

Egger (V.).

La parole intérieure. 5 fr.

Louis Ferri.

La psychologie de l'association, depuis Hobbes. 7 fr. 50

Maudsley.

La pathologie de l'esprit. 10 fr.

Séailles.

Essai sur le génie dans l'art. 5 fr.

Ch. Richet.

L'homme et l'intelligence. 2e édit.
10 fr.

Preyer.

Éléments de physiologie. 5 fr.
L'âme de l'enfant. 10 fr.

Wundt.

Éléments de psychologie physiologique. 2 vol., avec fig. 20 fr.

Ad. Franck.

La philosophie du droit civil. 5 fr.

Clay.

L'alternative. Contribution à la psychologie. 2e éd. 10 fr.

Bernard Perez.

Les trois premières années de l'enfant. 5e édit. 5 fr.
L'enfant de trois à sept ans. 3e éd.
5 fr.
L'éducation morale dès le berceau.
2e édit. 5 fr.
L'art et la poésie chez l'enfant. 5 fr.
Le caractère, de l'enfant à l'homme.
5 fr.

Lombroso.

L'homme criminel. 10 fr.
Atlas pour accompagner L'homme
criminel. 12 fr.
L'homme de génie, avec 11 pl. 10 fr.
Le crime politique et les révolutions
(en collaboration avec M. Laschi).
2 vol. 15 fr.

Sergi.

La psychologie physiologique, avec
40 fig. 7 fr. 50

Ludov. Carrau.

La philosophie religieuse en Angleterre, depuis Locke. 5 fr.

Piderit.

La mimique et la physiognomonie,
avec 95 fig. 5 fr.

Fonsegrive.

Le libre arbitre, sa théorie, son
histoire. 10 fr.

Roberty (E. de).

L'ancienne et la nouvelle philosophie. 7 fr. 50
La philosophie du siècle. 5 fr.

Garofalo.

La criminologie. 3e édit. 7 fr. 50

G. Lyon.

L'idéalisme en Angleterre au XVIIIe
siècle. 7 fr. 50

Souriau.

L'esthétique du mouvement. 5 fr.
La suggestion dans l'art. 5 fr.

Paulhan (Fr.).

L'activité mentale et les éléments
de l'Esprit. 10 fr.
Les caractères. 5 fr.

Barthélemy-Saint Hilaire.
La philosophie dans ses rapports avec les sciences et la religion. 5 fr.

Pierre Janet.
L'automatisme psychologique. 2e édit. 7 fr. 50

Bergson.
Essai sur les données immédiates de la conscience. 3 fr. 75

E. de Laveleye.
De la propriété et de ses formes primitives. 4e édit. 10 fr.
Le gouvernement dans la démocratie. 2e éd., 2 vol. 15 fr.

Ricardou.
De l'idéal. 5 fr.

Sollier.
Psychologie de l'idiot et de l'imbécile. 5 fr.

Romanes.
L'évolution mentale chez l'homme. 7 fr. 50

Pillon.
L'année philosophique. 4 vol. 1890, 1891, 1892 et 1893. Chacun sép. 5 fr.

Rauh.
Le fondement métaphysique de la morale. 5 fr.

Picavet.
Les idéologues. 10 fr.

Gurney, Myers et Podmore.
Les hallucinations télépathiques. 2e éd. 7 fr. 50

Jaurès.
De la réalité du monde sensible. 7 fr. 50

Arréat.
Psychologie du peintre. 5 fr.

Proal (L.).
Le crime et la peine. 2e éd. 10 fr.

G. Hirth.
Physiologie de l'art. 5 fr.

Dewaule.
Condillac et la psychologie anglaise contemporaine. 5 fr.

Bourdon.
L'expression des émotions et des tendances dans le langage. 5 fr.

Bourdeau.
Le problème de la mort. 7 fr. 50

Novicow.
Les luttes entre sociétés humaines. 10 fr.

Durkheim.
De la division du travail social. 7 fr. 50

Payot.
L'éducation de la volonté. 2e édit. 5 fr.

Ch. Adam.
La philosophie en France (première moitié du XIXe siècle. 7 fr. 50)

H. Oldenberg.
Le Bouddha, sa vie, sa doctrine, sa communauté. 7 fr. 50

V. Delbos.
Le problème moral dans la philosophie de Spinoza et dans le Spinozisme. 10 fr.

M. Blondel.
L'action, essai d'une critique de la vie et d'une science de la pratique. 7 fr. 50

J. Pioger.
La vie et la pensée. 5 fr.

Max Nordau.
Dégénérescence. 2 vol. 17 fr. 50

P. Aubry.
La contagion du meurtre. 2e édit. 5 fr.

G. Milhaud.
Les conditions et les limites de la certitude logique. 3 fr. 75

Brunschvicg.
Spinoza. 3 fr. 75

A. Godfernaux.
Le sentiment et la pensée. 5 fr.

Em. Boirac.
L'idée du phénomène. 5 fr.

L. Lévy-Bruhl.
La philosophie de Jacobi. 5 fr.

Coulommiers. — Imp. Paul BRODARD.

www.ingramcontent.com/pod-product-compliance
Lightning Source LLC
Chambersburg PA
CBHW072224270326
41930CB00010B/1992